敦煌故事

李焯芬　李美賢　著

中華書局

目錄

上篇：敦煌壁畫——那些永不褪色的故事／李焯芬

下篇：從舊照片中看到的——那些年、那些人、那些事／李美賢

上篇

敦煌壁畫——那些永不褪色的故事

李焯芬

敦煌研究院佛學研究中心主任

敦煌為何有石窟

敦煌位於中國甘肅省的西北部，鄰近新疆。敦煌莫高窟共有七百三十五個洞窟，其中四百九十二個洞窟有壁畫，共約四萬五千平方米，另有塑像二千餘尊。這是現今世界上規模最大的原址美術博物館。莫高窟的繪畫造像，共經歷了北涼、北魏、西魏、北周、隋、唐、五代、宋、西夏、元十個朝代，有逾千年的藝術創作歷史。

敦煌周邊還有其他的洞窟，包括榆林窟四十二個、西千佛洞二十二個、東千佛洞七個、五個廟石窟六個。

敦煌其實是沙漠中的一片綠洲。有人或者會問：為什麼要在這裏開鑿那麼多的洞窟？為什麼要在洞窟的邊牆繪上那麼多的壁畫？簡單的答案是：無論是莫高窟或是榆林窟，當年其實都是佛教的一個石窟寺。建造石窟寺的傳統，則源於印度。

話説二千五百多年前，佛教的創立者釋迦牟尼在印度各地弘法時，印度的夏季經常下大雨。釋迦牟尼當時就有個習慣：雨季時在山洞內向弟子説法、做禪修。這個習慣叫「結夏安居」，在釋迦辭離後亦一直傳承下來。後來，佛教的僧侶們喜歡在較幽靜的河谷中，在陡坡或山崖上開鑿洞窟。部份洞窟用作僧人的生活居所；部份則作禪修、禮佛之用。印度至今仍留存着逾百個這樣子的石窟寺遺址；其中最有名的是印度中部德干高原上的阿旃陀石窟，共有二十九個洞窟。供禮佛用的洞窟，最早期會放置佛塔，後來則是放置佛像，供禮佛或繞佛之用。洞窟的邊牆上，經常會繪上一些壁畫，既有佛教經文的內容，也有一些日常生活的描繪。隨着佛教的北傳，這個建造石窟寺的傳統，也逐漸傳到了中亞細亞地區（包括中國史籍所稱的西域），最後傳入漢地。

印度貴霜王朝時代（公元一至七世紀），佛教成了國教，並進入了大乘佛教時期，出現了著名的犍陀羅佛教藝術，把希臘式的雕像藝術用於佛像的創作上去。當時貴霜版圖還包括了中亞細亞的廣大地區，涵蓋了今天阿富汗、烏茲別克等國的國境。阿富汗卡布爾河谷的巴米揚大佛，其實是石窟寺中一個大洞窟內的立佛像。旁邊還有許多較小的洞窟，

邊牆上亦繪上了不少反映當地藝術風格的佛教壁畫。建造石窟寺的風氣，不久亦傳到了新疆。新疆境內，至今仍留下了眾多的石窟寺遺址，包括拜城——庫車一帶的克孜爾石窟、庫木吐拉石窟及森木塞姆石窟，與及吐魯番一帶的伯孜克里克石窟、土峪溝石窟和勝金口石窟等。

五胡十六國時期，由匈奴人建立的北涼政權（公元四〇一—四三九年）是河西一帶最強大的勢力，最強盛時版圖包括了甘肅的西部、新疆的東部，與及寧夏、青海的一部份。北涼政權在新疆

圖一：印度中部德干高原上的阿旃陀石窟，共有二十九個洞窟

東部的高昌（即今日的吐魯番地區）接觸並接受了佛教。敦煌莫高窟現存最早的洞窟正是在北涼時期的公元四三〇年左右修建的。莫高窟內共有三個北涼時期修建的洞窟。

公元四三九年，鮮卑人建立的北魏政權滅了北涼，隨後並統一了中國的北方。北魏從北涼引進了佛教，並在北魏當時的國都平城（今山西大同）開鑿了雲崗石窟。公元四九四年，北魏遷都洛陽，又在洛陽附近的龍門開鑿了龍門石窟。北魏時期，北方不少地方都修建了石窟寺。隨着時間的過去，石窟寺的佈局和功能也發生了一些變化：僧人不一定再住在洞窟之內，可以住在附近的寺院建築內。刻了佛像的石崖，則稱為摩崖石刻。重慶的大足石刻就是一個好例子。

圖二：莫高窟的繪畫造像，共經歷了北涼、北魏、西魏、北周、隋、唐、五代、宋、西夏、元十個朝代，有逾千年的藝術創作歷史

彌勒菩薩在敦煌（一）

敦煌莫高窟七百多個洞窟當中，現存最早的是北涼時期所建的三個洞窟。按敦煌研究院的編號，這三個洞窟是第二六八、二七二及二七五窟，位於莫高窟南區中段三層，毗鄰而建，估計於公元四二〇—四三九年間開鑿而成。

第二六八窟是禪窟，內有四個禪室，正壁（即西壁）塑了一尊交腳菩薩。

第二七二及二七五窟屬殿堂窟。第二七五窟正壁（即西壁）塑了一尊三點三四米高的交腳彌勒菩薩像，坐於獅座上，頭戴化佛冠，左手施與願印，以滿足眾生之願（圖一）。

按照佛教文獻的記載，彌勒生於印度南部的婆羅門家庭，經釋迦牟尼（佛陀）教化後，成為佛陀的弟子，常修菩薩道，現居於兜率天（佛教欲界六天之第四天）兜率內院修行，為天人說法。按《長阿含經》所載，兜率內院是彌勒的淨土，菩薩修行圓滿，

圖一：第二七五窟正壁（即西壁）塑了一尊三點三四米高的交腳彌勒菩薩像，坐於獅座上，頭戴化佛冠，左手施與願印，以滿足眾生之願。（敦煌研究院宋利良攝）

盡此一生，便可成佛，故又名為「一生補處」。屆時，他將會繼承釋迦牟尼佛而降生人間，出家修道，覺悟成佛，並將於龍華菩提樹下舉行三次傳法大會（又稱龍華三會），分別度化九十六、九十四、九十二億眾生。大乘佛教由此發展出人間淨土的觀念，認為彌勒菩薩降生，將可以救度世人。當代中國的印度學研究者季羨林曾推想：佛教的彌勒（Maitreya），與基督教的救世主彌賽亞（Messiah）可能是同一個人。

彌勒信仰在古代的印度曾經十分流行。據巴利文《大史》記載，公元前二世紀獅子國（即錫蘭，今斯里蘭卡）國王杜多伽摩尼，在臨終時蒙眾天神迎往兜率天。

彌勒菩薩被大乘佛教尊稱為妙覺菩薩，是八大菩薩之一。他又被印度大乘佛教的唯識學派（大乘中期的主要學派，公元四至七世紀）尊為鼻祖；其思想體系以《瑜伽師地論》為代表，並由著名的唯識派學者無著及世親闡釋弘揚，對唐代的玄奘法師影響甚深。玄奘法師後來成立了唯識宗（又稱法相宗），是中國佛教隋唐八宗之一。據玄奘法師的《大唐西域記》所載，無著及世親亦曾發願往生兜率淨土。彌勒信仰傳至中國，從南北朝至隋唐均曾十分盛行。後來，一些民間信仰以彌勒降世為號召，起義造反，故彌勒信仰亦遭官府大力鎮壓，逐漸式微。

敦煌的交腳彌勒菩薩塑像，其源頭可追溯至公元一世紀後出現於印度北部及中亞細亞的貴霜王國。由月氏人建立的這個貴霜王國，版圖包括了原希臘殖民國大夏（Bactria），即今巴基斯坦及阿富汗一帶。貴霜王朝崇尚佛教，並雕出了富希臘藝術風格的佛像、菩薩像，與以佛傳和佛本生故事為題材的大量浮雕。由於這些雕塑集中在貴霜王國的核心地區犍陀羅一帶，因此亦稱為犍陀羅藝術。這些石刻包括了交腳的彌勒菩薩塑像（二—三世紀）。彌勒信仰傳入中國後，也出現了不少的交腳彌勒菩薩雕像。美國大都會藝術博物館收藏的交腳彌勒菩薩像，由砂岩雕塑而成，製作年代為公元四八〇—四九〇年之間（北魏時期）。另有山西雲崗石窟第十一窟的交腳彌勒菩薩雕像（圖二）（公元五世紀）和河南龍門石窟的交腳彌勒浮雕（公元六世紀）。

季羨林等學者認為：交腳坐姿起源於中亞和古代波斯，是當時王室貴族等上層社會的一種慣常坐姿。因此在中亞地區的一些石窟中，除了彌勒像外，還有其他的交腳雕像。

圖二：山西雲崗石窟第十一窟交腳彌勒菩薩雕像

彌勒菩薩在敦煌（二）

敦煌莫高窟第二七五窟的交腳彌勒菩薩塑像（北涼時期，約公元四二〇—四三九年間塑成），反映了彌勒菩薩未成佛前，在兜率內院為眾人說法時的形象之一。彌勒菩薩修行圓滿後，他將會繼承釋迦牟尼佛而降生人間，並將於龍華樹下舉行三次傳法大會（又稱龍華三會），分別度化九十六、九十四、九十二億眾生。佛教的《彌勒下生成佛經》，描述了龍華三會的盛況；而敦煌榆林窟第二十五窟北壁的一幅大型壁畫「彌勒經變圖」正是依據《彌勒下生成佛經》繪製而成的。

榆林窟第二十五窟位於東崖上層北側，約為吐蕃佔領瓜州（公元七七六年）以後建造，分前室及主室。主室北壁繪彌勒經變（圖一），南壁繪觀無量壽經變；前壁門兩側分別繪文殊菩薩變及普賢菩薩變。這裏所說的「變」，就是用圖畫的方式，描繪出經文的內容和故事，稱為「變相」。其中第二十五窟的彌勒經變、第三窟的文殊菩薩變及普賢菩薩變三幅圖像，其高清仿真版，於數年前由敦煌研究院移植於香港新界大埔慈山寺大雄寶殿後的牆上。讀者如到慈山寺參訪，當可細賞這三幅壁畫的內容。

彌勒經變整幅壁畫以龍華三會為主體。正中的初會（第一會）場面規模最宏大，是畫面的中心。龍華樹下，彌勒菩薩倚坐說法，廣度眾生。彌勒兩傍，法華林菩薩和大妙相菩薩左右脇侍，天龍八部和聽法信眾圍繞四周，彌勒身後的是碧綠的龍華樹，頭頂是裝飾華麗的寶蓋，上方是須彌山，左右兩側飛天翩翩起舞。前面有國王把自己的鎮國七寶台（金輪寶、白象寶、白馬寶、珠寶、玉女寶、藏寶及兵寶）呈獻給彌勒。彌勒接受了七寶台後，又把它施捨給婆羅門。眾婆羅門得到了七寶台之後立即把它拆毀；每人分割部份寶物帶走。彌勒眼見如此美好的七寶台轉眼化為烏有，於是深悟人生無常的道理，便在龍華樹下得道成佛。這就是彌勒下生成佛的故事。國王見證了彌勒成佛後，遂率領王公大臣、王后太子、宮女待從等紛紛發願出家。畫面的正中下部表現的就是剃度出家的情節。

在初會的右下角，是龍華三會的第二會，比丘靜坐聽法，前面是男剃度出家眾，案上放置袈裟和洗漱用的淨瓶。第二會的對面是第三會，前面是女剃度出家眾，剃度後洗頭、抹頭，換上袈裟禮佛。案上放置淨瓶、袈裟和剃度落下的長髮。

經變的中心是龍華三會，在周圍的畫面中則描繪了未來彌勒世界妙花園（華林園）中和諧而美好的生活。人間風調雨順，農民一種七收，常獲豐收；路不拾遺、夜不閉戶，樹上生衣，隨意取用；人壽八萬四千歲，女人五百歲出嫁等等；這些內容都在壁畫中表現出來。據佛經說，彌勒之世，當時人們壽命可活到八萬四千歲，命終時就自己在提前建造好的墓園去自然終老（人命將終，自然行詣塚間而死），沒有痛苦。這就是彌勒經變中的老人入墓圖。（圖二）

壁畫的左上角，還描繪了大迦葉獻袈裟的場面。彌勒說法後率四眾前往耆闍崛山，用雙手擘開了此山。禪定中的大迦葉醒了過來，從山洞走出來，向彌勒行禮跪拜，獻上袈裟。這袈裟是釋迦牟尼臨終前交給大迦葉，讓他交給未來佛彌勒的。這也是彌勒經變中的一個重要情節。

壁畫的上半部用山水畫襯托整個場面，中唐以後壁畫色彩趨向於簡淡，而山的形狀由圓潤變為堅硬，山頭多為角型。山石用墨線勾勒之後，又用淡墨渲染，這樣的畫法正是水墨畫的特徵，從而看到敦煌壁畫藝術，從盛唐的青綠山水，過渡去宋代西夏的水墨山水時期。

圖一：榆林窟第二十五窟北壁的「彌勒經變圖」是依據《彌勒下生成佛經》繪製而成的

圖二：彌勒經變整幅壁畫以龍華三會為主體。在周圍的畫面中則描繪了未來彌勒世界妙花園（華林園）中和諧而美好的生活。當時人們壽命可活到八萬四千歲，命終時就自己在提前建造好的墓園去自然終老

數碼敦煌

座落於香港新界沙田的香港文化博物館，辦了一個以「數碼敦煌」為主題的大型展覽，展期由二〇一八年七月十一日至二〇一八年十月二十二日。前往參觀的市民絡繹不絕。

敦煌研究院前院長樊錦詩教授曾明言：敦煌石窟已經歷了一千六百餘年的滄桑。敦煌研究院自成立以來，七十多年來對敦煌石窟內的壁畫和彩塑做了大量的搶救、保護和研究工作，成績有目共睹。珍貴的敦煌藝術儘管能有效地保存下來，但世間萬物都有個「成住壞空」的自然規律和流程。樊院長明確指出：「保護工作亦無法阻擋石窟的自然衰老和退化，也無法永遠地保存這些珍貴的藝術。這是擺在我們面前難以解決的嚴峻問題」。因此，樊院長和她的團隊自上世紀九十年代開始，便積極與科研機構合作，探索如何利用電腦數碼技術，高保真地永久保存敦煌的壁畫和彩塑藝術。發展至今，敦煌研究院的數碼技術已從拍攝壁畫的高清圖像和洞窟激光掃描，擴展至數碼資料庫的建立，為敦煌藝術的長期保育、研究、展示和詮釋提供了極大的方便和重要的保証。沙田香港文化博物館的展覽，通過敦煌研究院數碼化保護技術的成果，結合豐富的文物和多媒體展示，讓大家細味敦煌藝術之美，和壁畫背後一個個動人的故事。

參觀過敦煌石窟的朋友們都知道：在每個石窟內停留的時間不會太長，而洞窟內的光線亦未必足以讓人細賞壁畫的每一個細節。如今，數碼化的成果大大有助於大家對壁畫的細賞與詮釋。這裏且舉一個例子。圖一為敦煌莫高窟第二八五窟西壁及北壁的四個禪窟及壁畫。窟內有西魏大統四年、五年（即公元五三八、五三九年）的發願文題記，說明此窟於西魏年間開鑿。遊客進入洞窟參觀，看到的北壁就大致如圖所示，惟未必能看到壁畫中的許多細節。假如我們在電腦熒幕上看這幅壁畫的數碼圖像的話，我們可以把圖像的各部份放大細看。這樣，我們就能夠看到許多在現場一般看不到的細節了。例如圖一中的2點，放大後就如圖二所示，清晰地看到一位面帶笑容的禪修者靜坐椅子上。我們可以看到

圖一：網站數字敦煌(www.e—dunhuang.com)能三百六十度全方位觀看洞窟壁畫，至今已上載數碼化洞窟三十個。透過此網站，莫高窟第二八五窟南壁飛天的五官和眉毛都能看得一清二楚，還看到飛天在飛行中撥彈手中的箜篌（豎琴）。（敦煌研究院數字研究所製作）

4

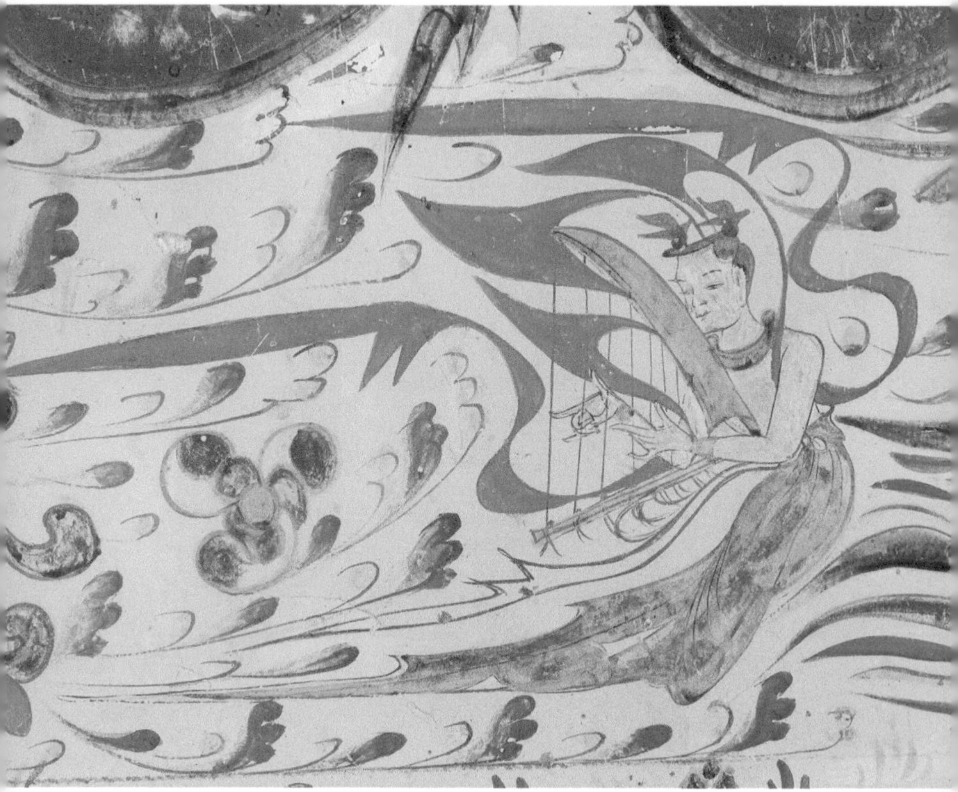

③ | ②

圖二：圖一中的2點，放大後就如圖二所示，清晰地看到一位面帶笑容的禪修者靜坐椅子上。我們可以看到西魏時期的服飾和傢具（椅子）。

圖三：圖一中的4點放大後就如圖三所示的飛天，在飛行中撥彈手中的箜篌，飛天的五官和眉毛都能看得一清二楚

西魏時期的服飾和傢具（椅子）。圖一中的4點放大後就如圖三所示的飛天，在飛行中撥彈手中的箜篌（豎琴），連飛天的五官和眉毛都能看得一清二楚。大家不難想像，這些數碼圖像紀錄，不但有助於觀賞，更有助於準確的詮釋和深入的研究。數碼圖像對敦煌藝術的永久保存和永續利用，因此有莫大的價值。

敦煌莫高窟共有七百三十五個石窟，其中有壁畫的佔四百九十二個。經過多年的努力，敦煌研究院至今已完成了一百八十多個洞窟的數碼化工作；這當中包括了香港敦煌之友資助的九十二個洞窟。香港敦煌之友過去七年來，一直致力於協助市民大眾認識敦煌藝術瑰寶，並積極協助籌募資源，支持敦煌石窟的保育及數碼化工作。非常感恩香港市民及眾多有心人長期以來對敦煌保育工作的大力支持。

圖說五臺山

到過新界沙田的香港文化博物館觀賞「數碼敦煌」展覽的讀者們，可能仍會記得展廳內一幅頗大的壁畫：五臺山數碼圖像（圖一）。這幅畫的原圖位於敦煌莫高窟第六十一窟的正壁，高三點四二米，寬十三點四五米，主題是描繪五臺山的寺廟和菩薩化現聖跡。它既是一幅佛教史跡和化現圖，也是一幅山水人物畫及全景式的古代地圖。莫高窟第六十一窟建於五代，又稱「文殊堂」，窟內有中心佛壇，壇後部有背屏與窟頂相接。壇上原豎立文殊菩薩騎獅的塑像，惜現僅殘存獅子像的尾部（圖二）。

五臺山圖可分為三個部份：頂部主要描繪從天上佛國降臨五臺山的菩薩聖眾；中間部份展示了五臺山的五個主峰，以及山上的寺廟建築和文殊菩薩化現故事；底部則顯示兩條入山巡禮的路線，其中穿插了大量的社會生活場面，反映僧侶和信眾在五臺山巡禮的情況

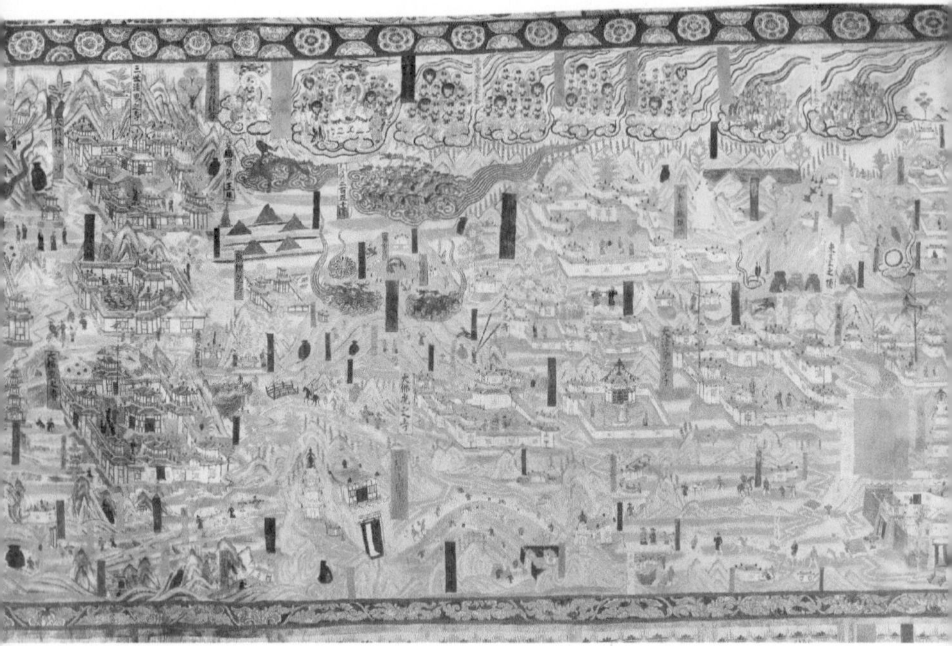

圖一：五臺山圖位於敦煌莫高窟第六十一窟的正壁，描繪五臺山的寺廟和菩薩化現聖跡

（圖三），與及當地日常生活的點點滴滴，很有生活氣息。

這幅五臺山圖由於被背屏遮擋，信眾進入洞窟後，只能夠看到壁畫左右兩端；因此他們必須從佛壇的兩側進入洞窟後部，才能觀賞到整幅五臺山圖。按照當時圍繞佛壇順時針方向禮拜的路線，信眾的視角從圖左下方的山西太原開始，依山勢而上，跟隨圖中人物一起登山朝聖，最後到達畫中央最高點的「大聖文殊真身殿」，然後從圖右的鎮州（今河北省正定縣）離開，最後回到洞窟中央的文殊菩薩塑像前。對佛教信眾來說，這不啻是一次虛擬的五臺山巡禮過程。這也許正是當初描繪這幅壁畫的原意，而日後亦成為這幅壁畫最重要的功能，讓地處甘肅西陲的信眾不用千里跋涉，也能在敦煌石窟內「巡禮」五臺山。這樣看來，五臺山圖的確是一幅十分難得的佛教史跡畫。正如敦煌研究院趙聲良副院長所言：「五臺山圖保存了大量的佛教歷史資料，有的還補充了史書所未載的內容。圖中提供了大量古代佛教建築（寺院、蘭若、草菴、佛塔寺），高僧說法、信徒巡禮、著名史跡和靈異現象等，共有榜題一百九十五條。此外，五臺山圖還呈現了許多古代社會生活民俗場面。圖的下部描繪了從山西太原到河北鎮州（今河北省正定縣）的山川道路和旅行、

圖二：莫高窟第六十一窟建於五代，又稱「文殊堂」，窟內有中心佛壇，壇後部有背屏與窟頂相接。壇上原豎立文殊菩薩騎獅的塑像，惜現僅殘存獅子像的尾部

送供、拜佛者，看到不同身份各階層人物服飾和活動場面，五臺山圖也是一幅大型的山水畫。它以山水串聯各個獨立畫面，從中可以見到五代時代敦煌山水畫的風格。」（趙聲良、宋利良：《敦煌石窟藝術：莫高窟（第六十一窟）》，江蘇美術出版社，一九九五年）

今天，如果大家到莫高窟第六十一窟參觀，可能會發覺佛壇背屏與壁畫之間的通道其實十分狹窄，光線亦較幽暗，而壁畫面積十分龐大，因此一般只能觀賞到壁畫的中、下部份；較上部的情節內容頗難看得清楚。可幸的是，由香港敦煌之友贊助出版了由趙聲良副院長主編的《敦煌壁畫五臺山圖》一書。書中圖文並茂地介紹了這幅巨作的歷史背景和各個組成部份的具體內容。讀者能一目了然地欣賞和解讀這幅壁畫的各個部份，實在十分難得。希望日後能有更多的敦煌壁畫，可以通過這種「一圖一書」方式，讓大家對壁畫有更深入的了解。

圖三：五臺山圖的底部顯示兩條入山巡禮的路線，其中穿插了大量的社會生活場面。如圖中見關城外有官員騎於馬上，正要離去，前方有人拱手相送，遠處畫往來行人、商旅，有挑擔者，有騎馬者，有牽駱駝者，有牽驢下山，手持旌旗，有手持弓箭，神態各異

禪悅在敦煌

莫高窟第二五九是敦煌早期較具代表性的洞窟之一，大約開鑿於北魏太和年間（公元四七七—四九九年），距今已有一千五百多年的歷史。本窟的塑像和壁畫基本上是北魏時期的原作，包括西壁（主壁）的釋迦多寶二佛並坐像，與及北壁東側的禪定佛像（圖一），都是莫高窟塑像中的代表作。禪定佛頭有肉髻，身穿通肩袈裟，兩眉細長，雙眼略開，嘴角露出一絲微笑，是敦煌石窟中不可多得的上乘佳作。

敦煌莫高窟基本上是個石窟寺，內有不少禪窟及殿堂窟。圖二的二八五窟是禪窟的一個例子，設有一些小洞室供禪修之用。讀者或許會問：為何佛，或菩薩，或禪修者會在禪修過程中偶爾露出笑容呢？我們在這裏或可用佛教的《心經》來說明一下。

《心經》的經文並不長，才二百六十個字，但概括了大乘佛教的般若智慧（即「空」）

圖一：莫高窟二五九窟北壁東側的禪定佛像

圖二：莫高窟二八五窟是禪窟的一個例子，設有一些小洞室供禪修之用

思想。《心經》的第一段說：「觀自在菩薩，行深般若波羅密多時，照見五蘊皆空，度一切苦厄。」觀自在菩薩，就是我們熟悉的觀世音菩薩。大乘佛教的菩薩，既修慈悲（慈，給眾生樂；悲，拔眾生苦），亦修智慧。當菩薩現慈悲相時，就以觀世音菩薩的形象出現，聞世間苦難之聲而前往救援。當菩薩在甚深的禪定中（即「行深般若波羅密多時」），會感悟到我們用身體各種觸覺器官（五蘊）所察覺到的世間萬象，其實背後都是有其原因的。這些原因（或稱因緣）具備了，那麼現象或事物就會出現。反過來說，如果這些因緣並未具足，現象或事物就不會出現了。以春暖花開為例，大地回春，陽光雨露充足，樹梢上的花兒就會綻開了，葉芽兒也隨後出來了。開花所需要的因緣（或條件）是：種子、土壤、養份、水份、陽光、時間等等；缺一不可。到了隆冬臘月，天氣嚴寒，樹梢上就不會長出花朵來，因為開花的因緣條件已不再具備了。這其實就是佛教的一個基本教理：因緣觀。

簡而言之，因緣觀告訴我們世間萬事萬物，包括人生路上的起起落落、成敗得失，其實背後都是有其原因（或因緣）的。我們如果能夠洞悉這些因緣，就可以坦然面對，

圖三二：莫高窟二八五窟主龕傍的禪定佛像

不會為一些失意的事而氣惱，而怨天尤人了。例如家中有親人病倒了，我們當然會感到不開心；但病也是有其原因的，可能是遺傳、年老、生活沒規律等等。又例如在高考中沒有考上我心儀的大學，或我嚮往的學系，我當然會不高興，有時或許還會覺得這個世界欠我一個公道。因緣觀告誡我們：與其怨天怨地，不如冷靜找出不如意事背後的原因。考試失利，可能是自己讀書不夠用功，或不得其法。只要能夠找出原因，找出差距，日後就能有所改善，爭取更好的成績。換言之，因緣觀教我們如何更坦然地面對人生的得失成敗，與及世間的成住壞空；還會鼓勵我們不斷地克服困難，自我完善。這樣，遇上逆境，我們自然就能「度一切苦厄」了。關鍵是調整自己的心態，積極向前。

《心經》的第一段，儘管短短的幾句話，卻帶出了的我們在禪定中可能會得到的感悟，因而讓自己放下生活中的種種煩惱，從而活得更自在。換句話說，禪定能讓修禪者長了智慧。有了智慧，人生猶如路上有了指點迷津的明燈，懂得如何處理種種問題，心間感到輕安自在，禪悅與面上的微笑就油然而生了。就像敦煌莫高窟第二五九窟的禪定佛像所展示的禪悅與微笑。

飛天在敦煌

在敦煌莫高窟的洞窟中，絕大部份都畫上了飛天。據敦煌研究院首任院長常書鴻先生在《敦煌飛天大型藝術畫冊．序言》中説「總計四千五百餘身」，其數量之多，可以説是全世界和全中國石窟寺中也是絕無僅有的。

飛天從職能上可分成四類：

一、禮拜飛天，多為雙手合十，胡跪；

二、供養飛天，手捧花果或雙手持瓔珞；

三、散花飛天，手托花盤或拈花散佈；

四、歌舞飛天，手持樂器，演奏，或舞蹈；

他們在佛陀説法、成道、涅盤時，或在本生故事中為各種圓滿功德散花、奏樂、

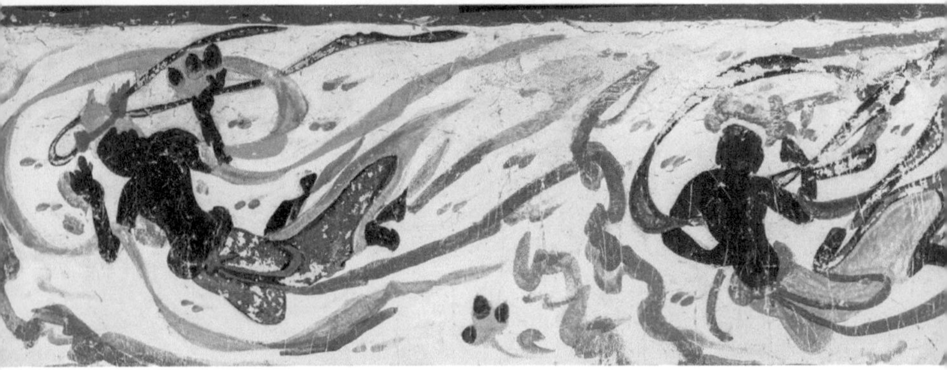

③ | ② | ①

④

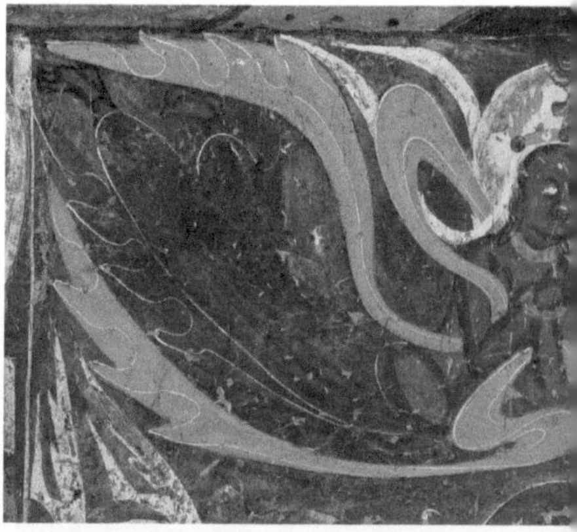

圖一：莫高窟二七五窟，北涼時期的飛天，身體屈曲成V字型

圖二：莫高窟二五四窟，北魏時期的壁畫的數量增多，飛翔的姿態也多樣化了

圖三：莫高窟二八五窟，西魏時期的飛天秀骨清像，姿態有韻律感

圖四：莫高窟三九〇窟，隋代的飛天飛行姿態更多樣化，飄帶在其頭頂形成狀似R字的圓形

禮讚。

在敦煌壁畫中，飛天的藝術形象也隨着時代的變遷而不斷變化。從十六國北涼到北魏（公元三六六—五三五年），敦煌飛天的形象深受印度和西域飛天的影響。北涼時期的飛天頭有圓光，臉型橢圓，直鼻大眼，大嘴大耳，身材粗短，上體半裸，腰纏長裙，肩披大巾，身體屈曲成V字型（圖一），飛天下面少有雲彩。北魏時期，飛天的臉形已由豐圓變得修長，鼻豐嘴小，五官勻稱，頭有圓光，身材比例逐漸修長，有的腿部相當於腰身的兩倍，飛翔的姿態也多樣化了（圖二）。

西魏（公元五三五—五五七年）的飛天身材修長，面瘦頸長，額寬頤窄，直鼻秀眼，眉細疏朗，嘴角上翹，微帶笑意（圖三）。

隋代（公元五八一—六一八年）是莫高窟繪畫飛天最多的一個時代，既有西域式的，也有漢化的，更有中西合璧的飛天。飛行的姿態亦變得多樣化，有上飛的，也有下飛的；有順風橫飛的，也有逆風橫飛的；有單飛的，也有群飛的，多姿多采，自由發揮。飛天的飄帶在頭頂形成一圓形，狀似R字，其傍彩雲飄緲（圖四）。

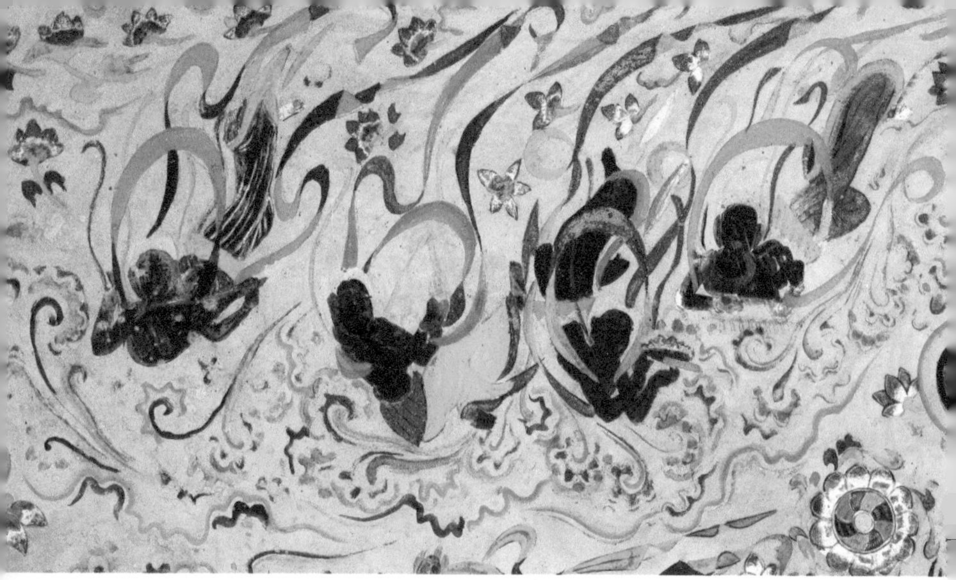

圖五：莫高窟三二九窟，初唐。飛天曼妙的身姿，纖長柔美的飄帶，其飛行姿態更多變化

圖六：莫高窟二一七窟，盛唐。飛天甚至穿插於建築物，亭台樓閣之間，奔騰自如，與不鼓自鳴的樂器一同在空中飛舞

⑤
⑥

到了唐代（公元六一八—九〇七年），飛天的藝術形象進入了完美、成熟的階段（圖五），已少有印度和西域的風貌，變成了完全中國化的飛天。這些飛天主要畫在大型經變圖之中；一方面表現出佛說法的場面，散花、歌舞、禮讚、供養；另一方面則表現出大型經變中佛國天界——「西方淨土」、「東方淨土」等極樂世界的美景。飛天或飛繞在佛的頭頂，或飛翔在極樂世界的上空，曼妙的身姿，纖長柔美的飄帶與不鼓自鳴的樂器在空中飛舞。其飛行姿態更多變化，甚至穿插於建築物，亭台樓閣之間（圖六），有的腳踏彩雲，徐徐而降；有的昂首振臂，騰空而上；有的手捧鮮花，直沖雲霄；有的揮舞飄帶，在重樓高閣間奔騰自如，淩空回首。當時的飛天，多伴有彩雲托伴。

宋、西夏、元時期的飛天，數量減少，缺乏前期的靈活和動力，造型較為呆滯。西夏時期線描精細，設色雅淡，其中榆林第十窟，窟頂四披的伎樂飛天在彈奏着各種樂器，從中見到最早出現的二胡圖像（圖七），飛天姿態生動而和諧，是這一時期的佳作。

圖七：榆林窟第十窟，元代。拉胡琴的飛天，這是中國壁畫中最早出現的拉弦樂器圖。（敦煌研究院數字研究所製作）

法華經變（一）：二佛並坐

佛教源於公元前五、六世紀的印度，到了公元前二、三世紀的孔雀王朝，佛教成為印度的國教。早期的佛教經典，包括了《阿含經》、《法句經》、《百喻經》，以及現今南傳佛教的一些典籍。公元一世紀，印度佛教在貴霜王朝時代進入了大乘佛教時期，提倡佛教信眾應自度度他，自利利他；並且認為通過修菩薩行，人人皆能成佛。公元一至四世紀，是大乘佛教的「般若期」，重視「因緣觀」、「緣起性空」和「空」等思想的研究和弘揚。這個時期先後出現了《大般若經》、《法華經》、《金剛經》、《華嚴經》、《淨土三經》（即《阿彌陀經》、《無量壽經》、《觀無量壽經》）、《彌勒經》（包括《彌勒上生經》及《彌勒下生經》等典籍。公元四至七世妃，是印度大乘佛教的「唯識期」；「唯識學」（或佛教心理學）成了這個時期的主流思想。七至十一世紀，則是印度大乘佛教的密教期，受印度教

圖一：莫高窟第二五九窟西壁龕內，有最早見諸敦煌藝術的釋迦牟尼和多寶佛二佛並坐說法的塑像

的影響較多，亦較明顯。

以上提及的印度大乘佛教典籍，部份內容後來成了敦煌石窟壁畫的一個重要題材，主要是「般若期」的大乘佛典，「唯識期」的極少，「密教期」的則在「吐蕃」時期開挖的洞窟中偶爾能見。

大乘般若經典之中，常見諸敦煌壁畫的一個例子是《法華經》。該經的全名是《妙法蓮華經》，較通行的版本為譯經大師鳩摩羅什於公元四十年所翻譯，共有二十八品（章）。最早見諸敦煌藝術的是〈見寶塔品第十一〉中所描述的釋迦牟尼和多寶佛二佛並坐說法的塑像，位於第二五九窟（北魏）的西壁龕內（圖一）。按經文所講，多寶佛非常讚嘆釋迦牟尼所宣講的《法華經》。因此，只要十萬國土有說《法華經》處，必有七寶塔從地下湧現跟前，而塔中多寶佛必為其真實而讚嘆，並予以證明。本窟中的二佛並坐彩塑，高一點四米。佛高螺髻髮，前額寬廣，眉目疏朗，眉眼細長，鼻樑高通額際，下額大而突出；偏袒右肩，呈遊戲坐。頭部為後代重修，但雄偉的身軀和施以陰刻隆起的衣紋手法，卻是地道的北魏太和造像風格。在二佛坐像寶蓋的上方有八身飛天，相向而飛，攢聚一起翻轉自

圖二、圖三：莫高窟第二八五窟和四二八窟，均可見二佛並坐像

如，動態飄逸，仿如在天宮飛翔。

除了彩塑以外，二佛並坐的景象亦出現於壁畫當中。例如西魏時期的第二八五窟（圖二），北周時期的第四二八窟（圖三），還有建於盛唐的第二十三窟南壁，就描繪了〈見寶塔品〉的內容（圖四）：釋迦牟尼在説《法華經》時，地下湧出一座七寶塔，停在空中，塔上裝飾着各種奇珍異寶和金銀琉璃，十分華麗。因塔內供奉了多寶佛，故又稱多寶塔。這時，有一位菩薩提出要見塔內的多寶佛，釋迦牟尼於是升至空中，打開塔門。多寶佛分半座給釋迦牟尼。釋迦牟尼又把眾侍從接到空中。在壁畫中，七寶塔上方繪了釋迦牟尼分身十方諸佛及脇侍菩薩，各乘祥雲，從遙遠的西方佛國，雲集靈鷲山上空，予人滿壁風動之感。基座正中，設御路式踏階通向寶塔。塔身三開間中間敞開，可見二佛並坐其中，畫面開朗宏偉。七寶塔周圍，諸大菩薩、天龍八部以及比丘等圍成橢圓形，猶如眾星拱月。

圖四：莫高窟第二十三窟南壁，描繪了〈見寶塔品〉的內容

法華經變（二）：寓言小故事

《妙法蓮華經》（簡稱《法華經》）是印度大乘佛教早期較重要的經典之一，於南北朝時期傳入中國。較流行的版本由譯經大師鳩摩羅什所譯，共二十八品（章）六萬九千餘字。中國佛教隋唐八宗中最早成立的天台宗，就是以《法華經》為其根本經典，因此又被稱為法華宗。日本的日蓮正宗及創價學會，亦是以《法華經》為根本經典。

印度佛教有個利用通俗易懂、生動活潑的寓言小故事來闡明佛理的傳統。《百喻經》就是一個好例子。《法華經》內也有著名的《法華七喻》。我們能在敦煌壁畫中看到的，有譬喻品中的火宅喻、化城喻品的化城喻、信解品的窮子喻和藥草喻品的藥草喻。

火宅喻的故事，最早見於敦煌莫高窟的四一九窟及四二〇窟，均建於隋代。建於五代的六十一窟也有。六十一窟的南壁（圖一）繪了一個大宅，有三個小朋友嬉戲遊玩其中。

圖一：莫高窟第六十一窟主室南壁的火宅喻壁畫，火宅象徵充滿黑暗、痛苦、充斥卑劣齷齪之事的人間

房子着火了，有位長者勸小朋友們離去，但小朋友們一味貪玩，不肯離開。長者只好牽來三乘（輛）車子，告訴小朋友們：「外面有牛車、鹿車和羊車。如果你們肯離開這個宅院，就可以得到車子了。」三個小朋友這才急忙從院子裏跑出來。而此時院子裏已四處起火，有許多妖魔鬼怪騎着怪獸在四處亂竄。

在以上的寓言故事裏，着火的宅院，象徵充滿黑暗、痛苦、充斥卑劣齷齪之事的人間。三個貪玩的小朋友則象徵貪戀紅塵逸樂、執迷不悟的世人。而宅外的牛車、鹿車及羊車，則代表佛教的菩薩乘、緣覺乘和聲聞乘；長者則是佛的化身，正引導世人跳出苦海。聲聞乘和緣覺乘代表傳統的上座部佛教一派；而菩薩乘則代表當時新興的大乘佛教一派。火宅喻的目的是希望調和融合兩派，讓大家同歸佛乘。要知道當時這兩派之間，確實是有些傳統與新興之間的矛盾對立。《法華經》方便品便曾提到法華「會中有比丘、比丘尼、優婆塞、優婆夷五千人等，即時座起」，退席離場。此外，按《大史》的記載，當大乘佛教傳入獅子國（今斯里蘭卡）時，兩個派別還曾發生過衝突。事實上，斯里蘭卡、泰國、緬甸、柬埔寨、寮國至今仍保留着上座部佛教的傳統。學界稱之為南傳佛教；而中國、日

圖二：莫高窟一〇三南壁的化城喻品，以這個故事象徵佛引眾生走向彼岸。這幅經變圖，其實亦是一幅完整的唐代青綠山水畫

本和韓國的大乘佛教則被稱為北傳佛教。

化城喻的場景，則出現在建於盛唐的二十三窟、一〇三窟及二一七窟中。內容是說：有一群人要到一寶城取寶，惟路途遙遠險惡，沿途既有兇禽猛獸，還有嚴寒、酷熱和飢渴的威脅。走到半途，有些人因不堪忍受艱難而想折回。這時，聰明的導師作法術，在荒野中幻化出一座城池來，讓眾人進城休息。休息過後，又將城池隱走讓大家繼續前行。化城喻以這個小故事，象徵佛引領眾生走向彼岸。這幅經變圖，其實亦是一幅完整的唐代青綠山水畫（圖二）。

建於盛唐的二十三窟，在北壁還畫上了信解品中的窮子喻。故事說：有一窮子自幼與父失散，淪為乞丐。多年以後，其父已成為大富翁，只恨找不到兒子來繼承家業。一日窮子來到了一座城邦，被其父認出，但窮子已認不得父親了。父親便僱用窮子來養馬，借機與他建立感情，逐漸熟悉以後，父子相認，窮子得以繼承家業。寓言故事中，父親喻佛，窮子喻世人，借此比喻佛把佛法施與世人，讓世人離苦得樂（圖三）。

圖三：莫高窟第二十三窟建於盛唐，主室北壁可見窮子喻的壁畫，父親喻佛，窮子喻世人，借此比喻佛把佛法施與世人，讓世人離苦得樂

法華經變（三）：觀音信仰

《妙法蓮華經》（簡稱《法華經》）無疑是印度大乘佛教早期最重要的佛典之一。該經的主要目的，是希望調和當時上座部教派與大乘教派之間的矛盾，勸勉大眾同歸佛乘。但該經之所以深入民間，幾乎變成家傳戶曉的一個主要原因是因為塑造了一個萬能的、大慈大悲、救苦救難的觀世音菩薩。在大乘佛教的眾多菩薩中，恐怕沒有哪一位菩薩的知名度能夠超越觀世音菩薩了。在《法華經》第二十五品（章）的《觀世音菩薩普門品》中，觀世音菩薩能夠隨時隨地變化為不同的身形以救度眾生。只要口誦觀世音名號，即可有求必應、逢凶化吉、遇難呈祥。這在民間信仰中具有十分廣泛和具大的影響力。

《觀音菩薩普門品》成為《法華經》二十八品中的第二十五品，當然也有其歷史的因素。大乘佛教認為通過修菩薩行，人也可能成佛。這樣一來，一些大菩薩和各方佛的名字開始陸續出現，繼而發展成為信仰。大菩薩包括觀世音、大勢至、地藏、文殊、普賢，與及法華經內提到的常不輕、藥王、妙音等。各方佛則包括阿彌陀佛、藥師佛、彌勒佛、寶光佛、多寶佛等。在大乘佛教初期，觀音信仰、彌陀信仰、彌勒信仰逐漸開始流行。根據日本著名的大乘早期文獻學者辛嶋靜志（北京大學季羨林教授的博士生、日本創價大學國際佛教學高等研究所所長）的研究，大乘經典其實是不斷變化的。以《法華經》為例，早期出現的版本較短，並不包括《觀世音菩薩普門品》等內容。經文的內容後來隨着時間而不斷有所增補，包括普門品，反映了觀音信仰的逐漸流行。

在敦煌，《觀世音菩薩普門品》的內容最早見諸隋代的壁畫。建於盛唐的莫高窟第二十三窟及第二一七窟，均以單獨的壁畫來描繪普門品的內容。最具代表性的觀音經變圖，應是繪在建於盛唐的第四十五窟。該窟南壁中央畫觀音菩薩立像，兩側上部畫觀音現身說法，下部畫觀音救苦救難的情節（圖一）。主尊觀音菩薩慈眼細長，長眉入鬢，鼻直唇紅；高挽髮髻，頭戴寶冠，冠上有一化佛，頂懸華蓋；胸飾瓔珞明珠等珍寶，披帛、天衣、瓔珞紛然於身，腰束菱形花紋，紅巾於正中挽結，長巾瓔珞串珠，繁而不亂，交叉有序。左手收於腹前，提一淨瓶，右手上舉胸前，描繪十分精細。

觀音菩薩遊於大千世界，能於人們受難之時前來救助。壁畫的內容包括了火難、水難、羅刹難、刑戮難、鬼難、囚難、賊難、墮難、雷暴難、淫慾難、嗔恚難、愚痴難等，情節包羅萬有。例如羅刹難：大海中，海船遭受風浪的襲擊，顛簸起伏。海中的惡龍怪獸撲向海船，海岸邊的羅刹鬼手舞足蹈，對着海船狂呼亂叫，因快有人肉可食而得意忘形。再如囚難，一城堡式的監獄中，犯人手足被杻械套住，頸戴枷鎖，蜷縮在獄中滿面愁容，默念觀音，祈求解脱。監獄外面，兩人被觀音救後，面帶喜氣，走出監獄，昂首挺胸。畫家通過前後正反對比的描繪，表達了普門品經文的內容。又再如觀音救怨賊難的內容，畫面中商旅們驅趕着毛驢，滿載貨物，正從山間艱辛地跋涉。從山後突然湧出幾個持刀的強盜，進行搶劫。商旅們面露恐懼，瑟瑟發抖。可幸商旅們在遇難時不忘念誦觀世音菩薩名號，於是強盜們都放下了兵器，怨賊難得以解脱（圖二）。這個畫面同時亦真實地反映了古代絲綢之路上商人行旅的艱難景況。觀世音菩薩救苦救難的慈悲精神，亦因此而深入人心，歷久彌新。

圖一：莫高窟第四十五窟建於盛唐，是最具代表性的觀音經變圖。南壁中央畫觀音菩薩立像，兩側上部畫觀音現身説法，下部畫觀音救苦救難的情節

圖二：畫中，滿載貨物的商旅們驅趕着毛驢，正從山間艱辛地跋涉，突然湧出幾個意圖搶劫的持刀強盜。商旅們雖因恐懼而瑟瑟發抖，他們仍不忘念誦觀世音菩薩名號，於是強盜們都放下了兵器，怨賊難得以解脱

①
②

淨土經變（一）：淨土信仰之起源及經典

淨土為佛教名詞，即清淨的地方、或沒有染污的莊嚴世界。大乘佛教認為眾生可以通過修菩薩行而最終成佛。因此，佛的淨土可遍佈於十方三世，接引不同根性的眾生。在中國歷史上，不乏對彌勒菩薩、藥師佛、阿彌陀佛、毗盧遮那等佛菩薩淨土的嚮往者。這些信仰都可以列為廣義的淨土崇拜。它代表了大乘佛教的一個理想。

學界一般相信，阿彌陀佛（彌陀）信仰及有關經典，很可能成立於公元初的西北印度（貴霜王朝早期）。有些西方學者認為彌陀信仰受到中亞波斯瑣羅亞斯德教（又稱祆教或拜火教）中的太陽崇拜影響。據這些學者考證，阿彌陀（Amita）從詞源上可以追溯到上古波斯神話和印度神話中的太陽神密多羅（Mitra），因為太陽神就是持有無量光明之神。但同時亦有學者認為，阿彌陀佛信仰源於印度文明內部。他們認為在婆羅門教的《考史多啟奧義書》（Kausitaki Upanisad）中描繪的梵天玉座，又名「無量威力」（Amitojas），與佛教的「無量光」理念相通。而且這一奧義書中關於死後世界的描述，在細節上和極樂世界有很多相似之處。極樂世界中的七寶蓮池、黃金大地，也與印度人心目中的理想世界形態密切相關。由於文獻資料的缺乏，這些推理都難以明確佐證。南北兩傳的原始佛教典籍，鮮有關於藉稱名就得往生彌陀淨土的記載。就連法顯、玄奘、義淨三位西行求法高僧的旅行記中，亦只有釋迦牟尼佛、過去佛、彌勒佛及觀世音菩薩的記載，未有關於阿彌陀佛的紀事。彌陀淨土信仰在印度西北及中亞一帶興起後，儘管在印度本土的影響不大，但傳入中國之後，可能由於契合中國當時的國情與及中國信眾的需要，日趨流行。彌勒淨土信仰亦如是。中國信仰他方淨土的高僧，包括道安、慧遠（淨影寺）、慧恩、玄奘等，均求生彌勒淨土。唐以後，彌陀淨土信仰越來越普遍，形成了「家家觀世音、戶戶阿彌陀」的局面。

彌陀淨土信仰在中國的主要經典依據是《淨土三經》，包括《阿彌陀經》、《無量壽經》及《觀無量壽經》。《阿彌陀經》的流通本為譯經大師鳩摩羅什所翻譯，用簡潔華麗的筆法描繪彌陀淨土世界的清淨莊嚴，同時並介紹了持名念佛的法門。《無量壽經》描述了阿

圖一：莫高窟第二八五窟東壁的無量壽佛說法圖：中央的無量壽佛穿着對襟大袍，結跏趺坐，施無畏印和與願印，目光下視，面含微笑；左右脅侍菩薩四身，分別是無盡意、文殊、觀音、大勢至等菩薩；其上弟子四身，分別是阿難、迦葉、舍利弗及目犍連

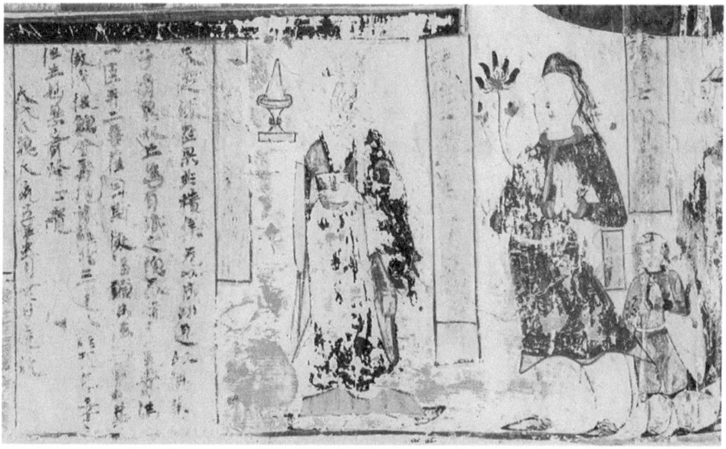

②
③

圖二：二八五窟北壁佛座下面有發願文，中有「佛弟子滑黑奴……敬造無量壽佛一軀並二菩薩……」等字句

圖三：二八五窟的供養人估計為鮮卑族，身穿胯褶，腰繫蹀躞帶，腳登靴。最前一人的腰帶小環下懸掛一橢圓形荷囊，佩戴打火石、短刀等物

彌陀佛前生法藏比丘的功德，和他立誓成佛的本願。該經有眾多譯本，現存的有東漢、孫吳、曹魏、唐及宋譯出的五種不同版本。《觀無量壽經》則是劉宋畺良耶舍所譯，目的在於指導淨土修行者對極樂世界進行觀想，其中十六種觀門中最後三種主要描述了「九品往生」的情況。

敦煌莫高窟最早一幅有關彌陀信仰的壁畫，是建於西魏時期的第二八五窟東壁的無量佛說法圖（圖一）。畫中所見，無量壽佛穿着對襟大袍，結跏趺坐，施無畏印和與願印，目光下視，面含微笑，題名「無量壽佛」；左右脅侍菩薩四身，題名分別是無盡意、文殊、觀音、大勢至等菩薩；其上弟子四身，持鮮花供養，題名分別是阿難、迦葉、舍利弗及目犍連。人物造型反映了南朝秀骨清像的風格。在鄰近的北壁佛座下面有發願文，中有「佛弟子滑黑奴……敬造無量壽佛一軀並二菩薩……」等字句（圖二）。該窟的供養人估計為鮮卑族，身穿胯褶，腰繫蹀躞帶，腳登靴。最前一人的腰帶小環下懸掛一橢圓形荷囊，佩戴打火石、短刀等物（圖三），反映了敦煌邊塞民族多源、文化多元的特色。

淨土經變（二）：阿彌陀經

《阿彌陀經》為《淨土三經》之一。經文的內容主要分兩個部份：

首先，經文詳細地介紹了西方極樂世界、依報世界和正報世界的種種殊勝，讓眾生生起信心，信仰念佛淨土法門。經文說：在我們這個世界的西方，經過十萬億諸佛國土，那裏有一個世界，叫做極樂。在那個世界裏面，有佛名阿彌陀佛，現在正在說法，普度眾生。在這個極樂世界裏，有七重欄楯，七重羅網、七重行樹、七寶池、八功德水、四色蓮花、七寶樓閣。黃金為地都是七寶所成。風吹羅網，常作天樂；眾鳥齊鳴，皆演法音。眾生聞是音，皆生念佛念法念僧之心。經文又說：微風吹動，行樹羅網，出微妙音，譬如百千種樂，同時俱作。阿彌陀佛的光明無量能照十方國土。佛的壽命是無量無邊。佛的國土和菩薩、羅漢也是無量無邊。經中還說：十方世界念佛眾生，一旦生到那裏，個個都得三種不退，即位不退、行不退、念不退。

此外，經文勸導眾生發願，願生西方極樂世界。那裏都是諸上善人俱會一處研討佛法。經文又說：以微少善根、微少福德因緣，不能得生彼國。信眾既然聽到阿彌陀佛的萬德洪名，要念念相續、執持名號，七天，兩天、一天、乃至一念，要淨念相繼。一心專念阿彌陀佛名號；到臨命終時，即能得到阿彌陀佛和觀世音菩薩、大勢至菩薩與及許多聖眾前來接引，往生極樂世界。

敦煌壁畫中，以淨土三經為內容的壁畫不少。較有代表性的阿彌陀說法圖可見諸建於初唐的莫高窟第五十七窟北壁（圖一），第三二二窟北壁（圖二）與及第二〇二窟東壁門北上側。

第五十七窟北壁正中的阿彌陀說法圖，用約三份之一的篇幅畫水池。七寶水池中碧波蕩漾，蓮花盛開。中央阿彌陀佛安詳結跏趺坐。觀世音、大勢至菩薩侍立兩旁。兩側上方飛天飛翔。天空中各種鮮花飄灑如雨，予人以西方極樂世界之聯想。

第三二二窟北壁的阿彌陀佛說法圖中，阿彌陀佛亦是結跏趺坐，下有七寶水池。兩旁

圖一：莫高窟第五十七窟北壁正中的阿彌陀說法圖，約佔畫面三份之一的七寶水池中碧波蕩漾，蓮花盛開。中央阿彌陀佛安詳結跏趺坐。觀世音、大勢至菩薩侍立兩旁。兩側上方飛天飛翔。天空中各種鮮花飄灑如雨，予人以西方極樂世界之聯想

觀世音、大勢至菩薩侍立。上部有持節飛天，還有不鼓自鳴的天樂。圖中右側菩薩頭戴寶冠，目光下視，身體微微呈S形彎曲，一手上舉，一手自然下垂，輕扶飄帶，顯得慈祥而華貴；左側的菩薩同樣衣飾華麗，身形修長，面佛而立，兩手輕扶飄帶，神態矜持。纖長的手指，幽雅的動作體現出女性之美，在七寶池中的供養菩薩，有的胡跪在蓮花上，雙手捧蓮，作供養狀；有的斜靠在蓮花上，低頭彷彿在觀魚，神態閑適；有的盤腿而坐，從容地聽佛說法。在這幅圖中還繪製了化生童子活潑可愛的形象。經中所說，生於西方淨土世界的人，「皆於七寶水池中化生，便自然長大，亦無乳養之者，皆食自然飲食」。圖中透過花瓣可以看到化生童子盤腿坐在蓮花中，周圍碧綠的水池中，還繪了游來游去的鴨子，富有情趣。圖中兩側各有三身持節飛天乘雲而下。天空中還有飛舞不鼓自鳴的箏、箜篌等天樂，反映了經文所描述的「彼佛國土常作天樂、黃金為地，晝夜六時雨天曼陀羅華」的祥和景象。

圖二：莫高窟第三二二窟北壁的阿彌陀佛説法圖中，阿彌陀佛亦是結跏趺坐，下有七寶水池。兩旁觀世音、大勢至菩薩侍立。上部有持節飛天和不鼓自鳴的天樂

淨土經變（三）：無量壽經

《無量壽經》為《淨土三經》之一。經文介紹阿彌陀佛（亦稱無量壽佛）所發諸大願（依版本不同而數量不一，最多為四十八願），建立彌陀淨土接引十方世界眾生，以及彌陀淨土的大概樣貌。經文又敘述釋迦牟尼佛在王舍城耆闍崛山，為大比丘眾一萬二千人及普賢、彌勒諸大菩薩說法，謂過去世自在王佛時，有國王出家為僧，號法藏，發四十八大願，稱「十方眾生，至心信樂，欲生我國，乃至十念，若不生者，不取正覺」。經過漫長的時間，積無量德行，在十劫前成佛，號「無量壽佛」，光明壽命最尊第一，其國土謂安樂淨土，無量功德莊嚴。國中聲聞、菩薩無數；講堂、精舍、宮殿、樓觀、寶樹、寶池均以七寶裝飾；百味飲食隨意而至，自然演出萬種伎樂，皆是法音；無有眾苦，皆能趨向佛之正道。至於往生者有上輩、中輩、下輩之分。彼國菩薩都能得到一生補處（即隔一生而成佛），以觀世音、大勢至菩薩為上首。最後，釋迦牟尼佛勸彌勒及諸天人等，備勤精進，不存懷疑，信心迴向，便能在彼國七寶池蓮花中化生。綜上所述，《無量壽經》與《阿彌陀經》有頗大的互補性，同為淨土法門修行之主要依據。

經敦煌研究院有關專家研究，建於初唐的莫高窟第二二〇窟（亦稱翟家窟），其南壁通壁的巨幅西方淨土變，被認定為無量壽經變。這幅巨畫（圖一）高三四二厘米，寬五百四十厘米，其中的主尊即為阿彌陀佛（亦稱無量壽佛）。根據《淨土三經》繪製的經變，主要描繪了阿彌陀佛所在的西方淨土世界，所以都可以稱作西方淨土變。但在壁畫中，這三種經變也有很多細微的分別。總的來說，西方淨土也就是極樂世界。經文介紹：在這個世界中，沒有痛苦，只有快樂。人們豐衣足食，所需物品，皆得滿足，也沒有勞作之苦。阿彌陀佛和觀世音、大勢至菩薩生活在這裏，有天人作音樂舞蹈，一片祥和自在的景象。人通常是由胎生的；但進入西方淨土則要從蓮花中生出來（圖二），稱作化生。化生表明淨土世界已到了無生不滅的境地。

畫面中間為碧綠的水池，表現經文所說的七寶池，八功德水。水池中有朵朵蓮花。蓮

圖一：初唐的莫高窟第二二〇窟（亦稱翟家窟），其南壁通壁的巨幅西方淨土變，被認定為無量壽經變

圖二：水池中有朵朵蓮花。可以看到有些兒童在透明的花蕾中，還站立，或合掌端坐，或倒立，說明這些化生要進入淨土世界還需要一段時間。而有些化生童子已出來在水中嬉戲

圖三：平台上有兩身舞伎在小圓毯上翩翩起舞

② ①
③

花上面坐着的兒童就是化生。還有一些透明的花蕾，可以看到有些兒童在其中，或合掌端坐，或倒立，或在水中嬉戲，説明這些化生要進入淨土世界還需要一段時間。水池中央的蓮台上坐着阿彌陀佛，着通肩袈裟，雙手作轉法輪印。觀世音、大勢至菩薩侍立左右。周圍還有眾多的聽法菩薩。上面有不鼓自鳴的天樂；下面的平台上有兩身舞伎在小圓毯上翩翩起舞（圖三）；兩側還各有一個樂隊。舞樂齊動，瑞鳥和鳴，空中飛天散花，各方諸佛乘雲而下，呈現一片祥和歡樂的景象。畫面以佛為中心，人物眾多，但神形各異，有主有從，繁而不亂；用色以青綠為基調，配色不多卻華麗燦爛。畫家對人物的動態和衣服的質感表現得非常細膩真切。

淨土經變（四）：觀無量壽經

《觀無量壽經》為《淨土三經》之一。共一卷，為劉宋畺良耶舍所譯，主要內容有以下三部份。

首先，是一個名為「未生怨」的因果報應故事：描述印度王舍城的國王頻婆娑羅年老無子，盼子心切，便請相師算命。相師告訴國王，山中有一修道者，死後當來投胎。國王心中急切，使人斷絕修道者糧食，令他餓死。可是仍未見有子；國王於是質問相師。相師說：修道者投生的時候未到，已化為白兔。國王又派人到樹林中圍捕所有白兔，用鐵釘打死。不久，王后果然有孕，生下一子名阿闍世。國王和王后對兒子極度寵愛。阿闍世長大後，一日出遊回城，忽然心生惡念，聽從一個名叫調達的惡友教唆，舉兵政變，篡奪王位，把國王幽禁於七重深牢中，斷絕食物，準備將國王活活餓死於獄中。王后韋提希夫人十分掛念國王，而阿闍世不許任何人給國王送食物，王后就借探監之機，把酥蜜和麨塗在身上，以葡萄汁灌於瓔珞之內，偷偷帶給國王充飢。阿闍世知道後大怒，要殺王后。經兩位老臣苦苦相諫，方才作罷。最終阿闍世把王后也囚禁起來，用鐵釘打死了國王。王后被幽禁於深宮，無限悲痛，便終日念佛，以求解脱。於是，佛與目犍連、阿難二弟子從天而降，來到王宮，向王后講明了過去現在的因緣，使她明白了世間的生死報應。王后別無他想，一心嚮往佛境，並請佛指點往生西方極樂世界的途徑。

其時，佛於是給王后詳細講了到達西方極樂世界的「十六觀」修行法。按「十六觀」的次第，從面朝西方觀想落日，漸次到觀西方三聖（阿彌陀佛、觀世音菩薩及大勢至菩薩）的身相，與及彌陀淨土莊嚴諸相，以此作為往生西方極樂世界的修行途徑。

此外，經文同時闡釋了「上、中、下」三輩九品往生的位階，即進入西方淨土世界有九種不同級別，分別為上品上生、上品中生、上品下生、中品上生、中品中生、中品下生；下品上生、下品中生、下品下生。

《觀無量壽經》因此講解了比《阿彌陀經》和《無量壽經》更為細緻而具體的淨土修

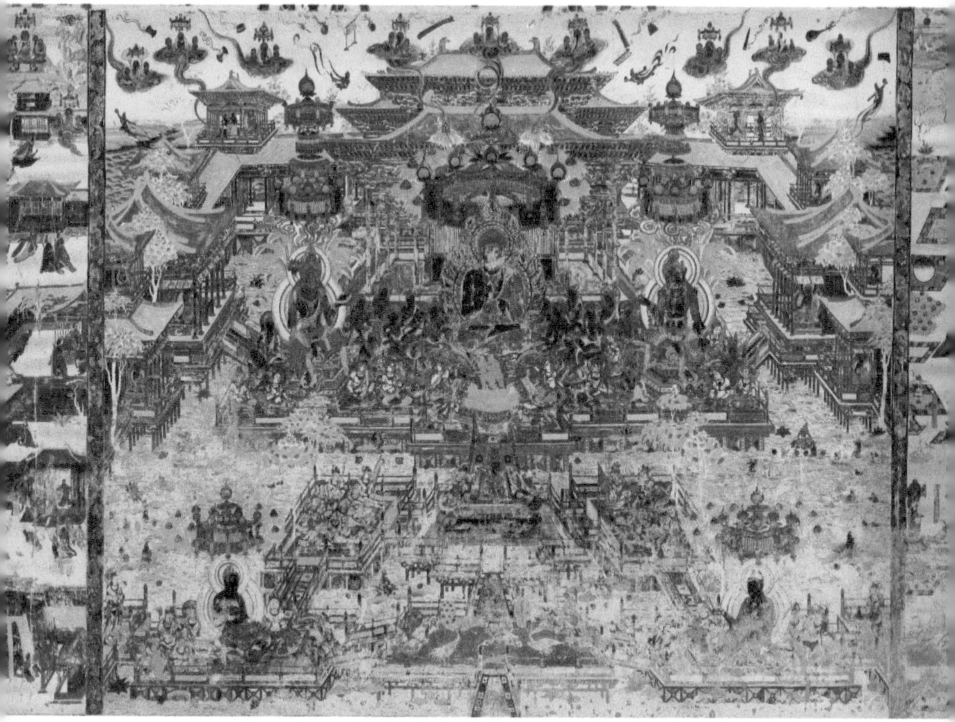

圖一：莫高窟第一七二窟
北壁之觀無量壽經變圖

行法門，故而在唐代以後大為流行。觀無量壽經變在莫高窟共存八十四鋪。除了在壁畫的中央部份繪出淨土世界外，往往還會在畫面的兩側以條幅的形式加繪「未生怨」和「十六觀」的內容。建於盛唐的莫高窟第一七二窟就是一個好例子。此窟南、北兩壁都以觀無量壽經變為主要內容，惟畫家的表現技巧卻各有千秋。

北壁的經變畫（圖一）以佛為中心，聽法菩薩似眾星拱月、圍繞成弧形。這些菩薩個個體態優美，面含笑意，有的身體前傾，雙手捧香爐供養；有的合掌低頭，靜思默想；有的撫掌微笑，若有所悟；有的仰首注視，全神貫注；有的正襟危坐，充滿敬意；有的抱膝冥想，若探求佛理。畫的下部還描繪了樂舞場面。兩組樂伎共十六人演奏樂器，中間舞伎兩人正揮袖起舞。南壁與此有所不同，雖然左右兩側也分別有八人樂隊在演奏，但中間兩個舞伎卻是一人挎腰鼓，一人反彈琵琶，節奏感十分強烈。

淨土經變圖的兩側以條幅的形式畫出「未生怨」（圖二）和「十六觀」（圖三）的內容，包括阿闍世拘禁國王；王后探監；阿闍世欲弒母，兩大臣諫阻；國王與王后禮佛，佛從天降為他們說法等。與「未生怨」相對的另一面，也是通過一個又一個的圖像表現「十六觀」的內容，十分細緻。

圖二：未生怨故事最後一段，王后被幽禁於深宮，終日念佛，以求解脱。於是，佛與目犍連、阿難二弟子從天而降，向王后講明了過去現在的因緣，使她明白了世間的生死報應。王后別無他想，一心嚮往佛境，並請佛指點往生西方極樂世界的途徑

圖三：十六觀之一，王后面朝西方觀想落日。這幅「日想觀」也可看作獨立的山水圖，風景優美

彌勒經變

彌勒（意即慈氏）為釋迦牟尼佛的弟子，據說出身於南天竺婆羅門家庭，經佛陀教化後常修菩薩行，被授記未來「當做佛，名號曰彌勒」。在印度佛教史中，彌勒的記載甚早，上座部經典和《中阿含經》及《長阿含經》均有「未來久遠人壽八萬歲時，當有佛、名彌勒如來」。因此，彌勒被認定為釋迦牟尼佛的繼任者，將在未來的娑婆世界降生成佛；亦常被尊稱為當來下生彌勒佛。有關彌勒信仰的經典，在中國較流行的有《彌勒三經》：

一、《彌勒菩薩上生兜率天經》，由北涼沮渠京聲（匈奴裔，北涼王子，後出家為僧）所譯。此經描述彌勒菩薩命終往生兜率天宮，成為「一生補處菩薩」，在淨土院為諸天說法。經文對兜率淨土有生動的描寫，又說明了欲往生兜率者所應修的種種善業，包括念佛和口誦彌勒聖名等修法。

② ①
③

圖一：第四四五窟北壁之彌勒經變圖，保存完好，是莫高窟經變畫中的上乘之作

圖二：「樹上生衣」。一人伸手取衣，另一人張臂穿衣，表現「時閻浮地內，自然樹上生衣，極細柔軟，人取着之。」

圖三：在彌勒世界，「人壽八萬四千歲」，「女人年五百歲，爾乃行嫁」。為了反映這一經文內容，畫家以人間婚俗為藍圖，宅院外搭起帳幕，並以屏風圍成舉辦婚禮的場所，賓客滿座，樂舞翩翩，新郎新娘在樂舞中禮拜；同時，侍者往來忙碌，屏風外還有人探頭偷看，富有生活氣息，生動表現了民間婚禮的場面

二、《彌勒下生經》，為西晉竺法護所譯。此經描述彌勒在後世人壽達八萬四千歲時會降生人間，出家修行，覺悟成佛；並將在龍華菩提樹下舉行三次傳法大會（又稱龍華三會），分別度化九十六、九十四、九十二億眾生，從而建立人間淨土。

三、《彌勒大成佛經》，為姚秦鳩摩羅什所譯，與《彌勒下生經》相近，不過內容更加豐富。

彌勒信仰在古印度就甚為流行。據巴利文《大史》記載，公元前二世紀有錫蘭王杜多伽摩尼臨終時蒙眾天神駕車迎往兜率天。又據《大唐西域記》記載，無著、世親、獅子覺等印度高僧均發願往生兜率淨土。

彌勒信仰在佛教傳到中國的初期就已流行。南北朝時期，不僅石窟和寺院，還有許多單獨的造像碑上亦刻了彌勒菩薩的形象。在敦煌，以彌勒經為內容的壁畫則是在隋代以後才流行起來的。較有代表性的彌勒經變圖包括莫高窟第四一九窟（隋）、第二〇二窟南壁（中唐）、第四四五窟北壁（盛唐）、第十二窟南壁（晚唐），和榆林窟第二十五窟北壁（中唐，吐蕃佔領瓜州時期）。

以第四四五窟北壁為例（圖一），彌勒經變圖的上半部份為《上生經》，約佔全畫三份之一；其餘三份之二為《下生經》。上生經變中央有須彌山，山上有兜率天宮，天宮呈三院組合。彌勒居中說法，諸天圍繞；院內有殿、廊、花樹。牆外有天神守護；天宮兩側數朵彩雲上均有宮殿，象徵四十九重微妙宮。天際繪諸天赴會和天樂飄飛。

正中部份繪畫龍華三會。初會居中，彌勒身穿右袒式袈裟，倚坐於須彌座上說法；大妙相、法華林兩大菩薩及其他弟子、菩薩、天王圍繞左右。兩側繪畫龍華二會及三會說法場面。初會下部繪香案供品及七寶形象：輪寶繪一車輪；主藏寶為一珍寶盒；象、馬寶各畫一象一馬；還有兵寶、女寶、珠寶等形象。七寶是識別此經的標誌之一。

《下生經》部份生動地介紹了彌勒世界的人間淨土：一個富饒豐足而事事美滿的理想國，包括一種七收、樹上生衣、路不拾遺、衣不閉戶、女子五百歲出嫁、老人自詣墳墓、土地自然開合（讓人便溺）、龍王夜雨除塵、夜叉半夜掃街衢等內容。彌勒信仰既能拯救人間苦難，又能予人以安定和豐足的生活，因此大為流行，彌勒經變是敦煌壁畫中數量最多的經變畫之一，自隋到西夏多達九十八鋪，其中莫高窟就有九十二鋪。

彌勒大佛

彌勒信仰於公元四世紀傳入中國後，隨着《彌勒三經》的先後翻譯成漢文，彌勒信仰日盛，人們嚮往「一種七收、樹上生衣、路不拾遺、衣不閉戶、人壽八萬四千歲」的彌勒世界。南北朝以來，在中國廣大地區，彌勒造像極為普遍。敦煌莫高窟北涼、北魏、北周等洞窟中均塑有許多彌勒佛像，其中以第九十六（初唐）的北大像和第一三〇窟（盛唐）（圖二）的南大像最為顯著。

第九十六窟塑有一尊倚坐的彌勒大佛像，高三十五點五米，是莫高窟的第一大坐佛，因此該窟亦被稱為「大佛殿」（圖一）。大佛像倚山而鑿，石胎泥塑，像外建起包括窟頂的木構窟檐。其具體做法是：先在崖壁上鑿刻成大體的石胎輪廓，然後用草泥壘塑，再用麻泥細塑，最後用色料着彩。大佛作倚坐之勢，兩腿自然下垂，兩腳着地，雙手支在腿上，目光下垂，高大威嚴，具有一種震攝人心的氣勢和威力。大佛的右手上揚作施無畏印，意為眾生拔除痛苦；左手平伸作與願印，意為滿足眾生的願望。五代以後，因莫高窟地震，此窟壁畫盡毀，窟檐倒塌。由於原佛像為依崖鑿成的石胎，沒有受過巨大的破壞，所以其身材比例，坐勢姿態，還保持了唐朝的風貌。一九二八年重修窟前木構建築時，曾重繪大佛身上的僧祇支及土紅色袈裟，並在袈裟垂裾邊沿繪上清式雲龍紋。一九八七年，敦煌研究院曾對佛像的雙手進行了重修。

莫高窟第一三〇窟開鑿於盛唐時期，因其位於第九十六窟「北大像」之南，故又稱「南大像」。佛像高約二十六米，是莫高窟的第二大佛。據敦煌文書資料判斷，此窟始鑿於盛唐開元九年之後，建成應是天寶年間，前後費時二十多年。

南大像為善跏趺坐彌勒像，高二十六米。雄偉的佛身倚崖而坐，雙腿下垂，兩腳着地，左手撫膝，輕柔自然，右腿上置經書，右手施無畏印，肘倚在經書上，佛頭微俯，雙眼微合俯視，神情莊嚴而略含笑意。大佛像除了右手經過宋代重修，佛身其他部位都是唐代的原作。總體來説，南大像氣勢雄偉，神態可親，在宏大的氣勢中不失細膩。

① ②

圖一：莫高窟第九十六窟，窟前木建構是在一九三九年重新修建成九層的木樓閣，「九層樓」已成為莫高窟的象徵

圖二：莫高窟第一三〇窟的「南大像」頭部微俯，雙眼微合俯視，略含笑意，神情莊重慈祥。匠師在塑造這尊大佛時，有意放大了頭部，佛像通高二十六米，僅佛頭就達七米，超出了人體的正常比例。這就解決了禮佛者仰視大佛所造成的頭小體大的視差，能清晰地看到佛面部的表情。（敦煌研究院吳健攝）

莫高窟現存的這兩尊唐代彌勒大佛，反映了當時彌勒信仰的流行。彌勒大佛最早出現於印度的西北地區，約公元四至五世紀（即貴霜王朝中期）；在《法顯傳》、《名僧傳》等文獻中均有記載。中國古代也有造彌勒大佛的風氣，現存可見彌勒大像多尊，如浙江新昌大佛（南齊，十六米）、河南浚縣大佛（後趙，二十七米），甘肅天水麥積山大佛（北魏，十五米）、莫高窟北大像（唐，三十三點五米）、莫高窟南大像（唐，二十六米）、榆林窟第六窟大佛（宋，二十四米），甘肅炳靈寺大佛（唐，二十七米）、天梯山大佛（晚唐，二十六米）、寧夏須彌山大佛（唐，二十米），與及四川樂山大佛（唐，七十一米）等。這些大佛均屬彌勒下生的倚坐像。

彌勒信仰流行的年代，除了倚坐像之外，交腳彌勒菩薩和思維菩薩的塑造亦十分普遍。有關交腳彌勒的介紹，讀者可參閱《彌勒菩薩在敦煌（一）》一文。思維菩薩的造像則反映了彌勒菩薩在思慮決疑時的神態：俯首下視，右手支頤，左足下垂，右足靠在左膝上，呈半跏思維態。彌勒菩薩半跏思維像的塑造，在日本和韓國亦很普遍，其中有珍品還分別被列為日本國寶第一號和韓國國寶第七十八號。

金剛經變

《金剛經》，全稱《金剛般若波羅蜜經》，是早期大乘佛教般若部重要經典之一，有六個漢文譯本，其中流傳最廣者為姚秦鳩摩羅什譯本。

《金剛經》描述釋迦牟尼佛在舍衛國祇樹給孤獨園，與一千二百九十位大比丘在一起。一次，快到吃飯時，佛便穿衣持缽到舍衛城中化緣（乞食），化到食物後持缽回園。食畢，收衣缽，洗足，然後端端正正坐下。這時，一名叫須菩提的長老走過來，恭恭敬敬地向佛行禮後，問了一個關於「無上正等正覺」的問題，在佛法中，那是一種能覺知一切真理，並能如實了知一切事物，從而達到洞悉一切、無所不知的一種智慧。這種智慧是超越常人的，只有佛才具有，須菩提長老其實是在問：如何才能成就這種智慧？亦即是如何才能成佛？釋迦牟尼佛聽了須菩提的問題，十分欣喜，便詳細地回答了這個問題，指出

圖一：莫高窟第三一窟建於唐天寶年間，南壁通壁畫金剛經變。（敦煌研究院孫志軍攝）

圖二一：佛結跏趺坐，為眾比丘說法。（敦煌研究院孫志軍攝）

如要成就無上正覺，就需要洞徹緣起性空的道理，逐步離一切相；即見空性，見空性即見性，見性即見法身，見法身即見如來，如來即佛。重點在於破相離相，不住（不執着於）諸相，應生無所住心。在《金剛經》的結尾處，有一首二十字的偈語，做了很好的概括。這也是該經思想的精髓。

「一切有為法，如夢幻泡影；如露亦如電，應作如是觀。」

大意是：世上萬物都是無常的，如夢，如幻，如水面的氣泡，鏡中的虛影，如清晨的雨露、黑夜裏的閃電，瞬息即逝。因此，我們平時所看到的一切事物的形相，實際都不是它們真正的來源。事物真正的形相（實相）是「無相」，因此不必執着（住）。能真正認識到無相無實相，能做到對世間萬物無住無念，就可以得真正的解脱。

金剛經變在莫高窟主要集中在唐代的洞窟。建於盛唐的第三十一窟和第二一七窟有兩鋪。中唐的第一一二、一三五、一五四、二三六、二四〇、三五九、三六一及三六九窟；晚唐的第十八、八十五、一三八、一四三、一四四、一四五、一四七、一五〇、一五六、一九八窟均有繪製；共二十鋪。這可能反映了《金剛經》在中晚唐時期的流行，成為

圖三：經云：「入舍衛大城乞食」，佛左手托缽乘雲而下，身後一比丘隨從；城門外一男子跪獻食物供養。（敦煌研究院孫志軍攝）

圖四：經云：「飯食訖，收衣缽，洗足已，敷座而坐」，佛坐樹下，左腳橫在座位上，右腳放在盆中，一女子蹲着為佛洗足。（敦煌研究院孫志軍攝）

禪宗最具代表性的經典。但五代以後在敦煌不再繪製，原因不明。

以建於天寶年間的第三十一窟為例，南壁通壁畫金剛經變（圖一），有十多個情節：

一、與比丘俱：一佛結跏趺坐說法，兩側有比丘聽法（圖二）。

二、舍衛乞食：一佛左手托缽乘雲而下，身後一比丘隨從；城門外一男子面對佛，跪獻食物供養（圖三）。

三、為佛洗足：佛坐樹下，左腳橫在座位上，右腳放在盆中，一女子蹲着為佛洗足（圖四）。

四、須菩提問法：一佛結跏趺坐說法，有比丘跪着請問狀。

五、無餘涅槃：池中有兩條魚、數朵蓮花，表示的經文可能是「所有一切眾生之類……我皆令人無餘涅槃而滅度之」。

六、四羅漢果：四比丘禪定。

七、筏喻：一人坐在河中筏上，榜題完整：「如筏喻者，法尚應捨，何況非法」。

第三十一窟南壁之東側，也有以下兩個金剛經變的情節：

八、受持誦讀：一男子讀經，四人聽講，表示的經文當是「當來之世，若有善男子、善女人，能於此經受持誦讀……皆得成就無量無邊功德」。

九、歌利王本生：一穿黑色衣服的人左手握刀，前面有二人，僧俗難以確定，可能表示經文「如我昔為歌利王割截身體」。

維摩經變

《維摩經》，又稱《維摩詰經》、《維摩詰所說經》，約成書於公元一世紀後，是繼《般若經》後的初期大乘佛教經典之一，在印度即已流行。現時流通的中譯本為姚秦鳩摩羅什所譯，三卷，十四品。相傳維摩是佛陀的在家弟子之一，又名維摩詰，為中印度毗耶離城的長者，雖居俗塵，但精通佛教教理；其修為高遠，雖出家弟子猶有不能及者。他是本經的中心人物，故稱《維摩經》。據經文所述，維摩居士家財萬貫，平常救助貧民，布施僧侶，樂善好施；而且不執着於外相，為了度化眾生，維摩居士可以向天神天魔說法，也可以向王公貴族說法，甚至在妓院、賭場向貪歡求樂的凡人說法。由於維摩以智慧善辯著稱，又可以不剃度而自由地在家修行，因此深受中國士大夫們的喜愛。魏晉以來，該經在中國十分流行，石窟寺中也大量出現雕塑或壁畫的維摩經變。中國現存最早的維摩經變

圖一：莫高窟第一〇三窟（盛唐）東壁繪製的維摩經變圖。維摩正揚眉啟脣向文殊菩薩詰難。（敦煌研究院數字研究所制作）

畫面，在甘肅省永靖縣炳靈寺石窟第一六九窟。敦煌莫高窟共有六十八個洞窟有維摩經變圖，最早出現於隋代洞窟，到了唐代則更流行了。北魏的雲崗石窟、麥積山石窟均有維摩經變的雕塑或壁畫。

莫高窟第二二〇窟（建於初唐，又名翟家窟）內的維摩經變圖，繪於窟門壁面的南、北兩側。南側是維摩坐在帳中，頭束白綸巾，身穿鶴氅裘，手持麈尾，目光炯炯有神，神情激昂，正沉浸在辯論的氣氛中。香積菩薩托鉢跪在前面，下面是各國王子聽法的場面，上部則畫出妙喜世界。北側是文殊菩薩和弟子、菩薩與及帝王、大臣聽法。文殊菩薩頭戴寶冠，披巾繫裙，佩飾瓔珞，手持如意，與維摩隔門相對而坐。他舉止從容，神態莊重，與維摩興奮激動的神色形成了鮮明的對比。

從以上壁畫的內容來看，這鋪維摩經變是將《維摩經》的文殊師利問疾品、方便品、香積佛品、見阿閦佛品、不思議品、觀眾生品等六品內容結合在一起作為主題來構圖的。

圖一是莫高窟第一〇三窟（盛唐）東壁繪製的維摩經變圖。畫面上可見：維摩踧坐於床帳上，手揮麈尾，斜倚烏皮几，身披鶴氅，意態瀟瀟，毫無病容，正揚眉啟唇向文殊菩

圖二：與維摩遙相對坐，文靜、胸有成竹的文殊菩薩。文殊座下的帝王圖，把華夏帝王勾畫得栩栩如生。（敦煌研究院數字研究所製作）

薩詰難，他通體衣褶流暢自然，神采奕奕的面顏與手腳均用焦墨、中墨多次勾勒，一派瀟灑自由的筆墨把一位經綸滿腹、學識淵博的大居士生動地刻劃出來。而與之遙相對坐，截然不同的形象是文靜安坐、胸有成竹的文殊菩薩（圖二）；兩人形成了十分鮮明的對比。而文殊身後的眾弟子，表情更是十分生動；他們有的交頭接耳，有的像是迷惑不解，有的好像若有所悟，而有的猶在苦苦思索。文殊座下的帝王，以高大的形象突出其地位。一手流暢明快的線描，把這位廣額豐頤、濃眉大眼、高鼻美髯、儀表堂堂的中年華夏帝王勾畫得栩栩如生。他頭戴冕旒，身穿衮衣，在大臣侍從的簇擁下，昂首闊步，不可一世，向維摩走去。儘管表現的是聽法時的愉快心情，但又映射出這一時期中原帝王的自信與心態，不失為一幅難得的歷史人物畫寫實作品。

圖三是吐蕃統治敦煌時期開鑿的第一五九窟（中唐）東壁的維摩經變圖，仍然是以問疾品為主要題材，但吐蕃贊普取代了漢族帝王。在維摩居士下方則繪了西域各國少數民族的王子（包括吐蕃王子），以突顯吐蕃統治的現實。

圖三：第一五九窟（中唐）東壁的維摩經變圖，仍以問疾品為主要題材，但吐蕃贊普取代了漢族帝王。（敦煌研究院數字研究所製作）

藥師經變

《藥師經》，全名為《藥師琉璃光如來本願功德經》，為大乘佛教早期經典之一。傳入中國後，本經曾有五次翻譯，包括東晉帛尸梨蜜多羅譯本、南朝慧簡譯本、隋達摩笈多譯本、唐玄奘譯本及唐義淨譯本。現今流通最廣的是玄奘譯本。經文內容為佛應文殊師利菩薩的啟請，說明東方淨琉璃世界藥師如來的功德，並詳述藥師如來因地所發的十二大願。藥師佛注重為眾生求得現世的安樂，以念佛、持咒、供養等善巧方便度化眾生。經中並宣說為現世眾生救病、救國難、救眾難，與及用以消災延壽的法門。

隋代敦煌流行的《藥師經》是帛尸梨蜜多羅和慧簡兩種譯本。《藥師經》諸漢文譯本中，唯有這兩種譯本詳述藥師八菩薩的名號，說明這八位菩薩在當時的藥師信仰中有着重要地位。受到這兩種譯本的影響，有些隋代藥師經變圖畫上了藥師八菩薩。此外，《藥師經》諸漢文譯本中，也只有這兩種早期譯本論及禮敬藥師佛可往生兜率天，面謁彌勒。所以，隋代畫師多在藥師經變圖的對應或相關位置上，繪畫彌勒上生經變，以表示藥師信仰和彌勒信仰的密切關係。隋代以後，其他譯本日益流行。這些譯本不但未載藥師八菩薩的名號，也將禮敬藥師佛可往生兜率天這段文字刪去。所以上述兩點隋代藥師經變的特色，在隋代以後的壁畫中較少發現。

藥師經變在敦煌壁畫中是十分常見的題材，最早出現於隋代，至宋代和西夏時期仍有繪製。藥師變圖在敦煌現存一百零二鋪，其中莫高窟有九十六鋪，安西榆林窟有四鋪，西千佛洞及五個廟石窟各有一鋪。

藥師信仰之所以當時流行，是因為信眾認為藥師佛能治病救人，消災延壽。凡「無救、無歸、無醫、無藥、無親、無家」之人，只要供養藥師佛，就可以得救。這樣一來，藥師佛就成了苦難的人們心目中的救星。

唐代洞窟中往往把西方淨土變與藥師經變相對畫出。例如莫高窟第二二〇窟（初唐，即翟家窟），在南壁畫西方淨土變，在北壁就畫藥師經變。這樣，西方阿彌陀佛、東方藥師佛與正龕的釋迦牟尼佛就組成了「橫三世佛」。

圖一：第二二〇窟的藥師經變，是較有代表性的一鋪唐代藥師經變。畫面中心繪藥師七佛，同排平行立於水池中的勾欄平台上，上為雙樹華蓋，寶飾垂幔，彩幡飛舞

第二二〇窟的藥師經變，是較有代表性的一鋪唐代藥師經變（圖一）。畫面中心繪藥師七佛，同排平行立於水池中的勾欄平台上，上為雙樹華蓋，寶飾垂幔，彩幡飛舞。這七尊藥師佛像，即《藥師經》中所說的「禮拜供養世尊藥師琉璃光如來，……應造七軀彼如來像，……像前各置七燈，一一燈量大如車輪，或復乃至四十九日光明不絕，當造五色彩幡長四十九尺」。

在藥師七佛左右，八大菩薩穿插其間。水池中央的平台，以紅藍兩色琉璃鋪成。寶台的欄邊，有側身倚欄而坐的菩薩四身，手捧蓮花，合掌禮佛。水池中碧波蕩漾，蓮花盛開。寶台兩側是神將和聖眾。神將的上方是阿修羅，下方是力士。寶台的下方是燈架和伎樂隊。畫中舞伎四人，樂伎三十二人，分成兩組，鼓樂歌贊，供養藥師佛。畫面充分展示了藥師佛國淨土的景象。

莫高窟第十二窟北壁也有一鋪晚唐的藥師經變（圖二）。藥師佛結跏趺坐於台上中央，左右對稱端坐月光菩薩和日光菩薩。佛前平台上有兩身伎樂對舞；兩側平台上各有一組樂隊伴奏。下部中間繪藥師十二神將。畫面宏偉壯闊；氣氛寧靜而祥和。

圖二：莫高窟第十二窟北壁也有一鋪晚唐的藥師經變。藥師佛結跏趺坐於台上中央，左右對稱端坐月光菩薩和日光菩薩。（敦煌研究院孫志軍攝）

華嚴經變

《華嚴經》，全稱《大方廣佛華嚴經》，是大乘佛教修學的一部重要經典。主題是釋迦牟尼佛成道後，為文殊、普賢諸大菩薩介紹毗盧遮那佛所居、重重無盡的華藏世界。根據呂澂、印順等佛教學者的研究，《華嚴經》最早的寫作年代，可能是在釋迦牟尼佛涅槃後約五百年後，估計在公元三或四世紀時間始集結。《華嚴經》最初在印度只是以分散的經典形式存在，並沒有集結成完整的經卷。約在公元二至三世紀中葉間，華嚴系的經典從印度的南部向中部和西北部傳播，最後在中國西域地區合成大本的《華嚴經》。

《華嚴經》有三個漢譯本：一、六十華嚴，為東晉佛馱跋陀羅所譯，六十卷；二、八十華嚴，為唐代于闐實叉難陀所譯，八十卷；三、四十華嚴，為唐代般若所譯，四十卷。其中以八十華嚴的譯本品目最完備，文筆最流暢，因此也最流行。

八十華嚴有三十九品，七處九會之說，描述佛在天上人間的七個地方九次宣說佛法。這七個地方包括了人間三處：菩提道場、普光明殿、給孤獨園；天上四處：忉利天宮、夜摩天宮、兜率天宮、他化天宮。其中心思想是從諸法本性清淨的觀點出發，說明諸法反映了同一佛理，舉一微塵即可反映整個世界之理。因而世間萬法，一即一切，一切即一。此經又着重描述修菩薩行成佛過程中各個階段的狀況，以及所取得果位的差別。經中的《入法界品》以善財童子為例，說明了修行者所需踐行之參學和修証。善財童子先後參訪了五十多位善知識，虛心努力學習這些善知識的智慧和德行，最後終於修行圓滿，「與普賢等、與諸佛等」。

在莫高窟第九窟（晚唐）窟頂南、西、北三披，繪有華嚴經變圖（圖一），內容是描繪釋迦牟尼佛在人間三處、天上四處的九次說法會。窟頂三披，每披繪三會，以中間一會為構圖中心。三披連貫，一氣呵成，絢麗多姿，宏偉壯觀。

在該窟北披、南披、西披說法圖下部，又繪上了善財童子五十三參的故事（圖二）。善財童子生於古印度福城長者之家，由於前世廣修功德，出生時家境富有，故得名「善

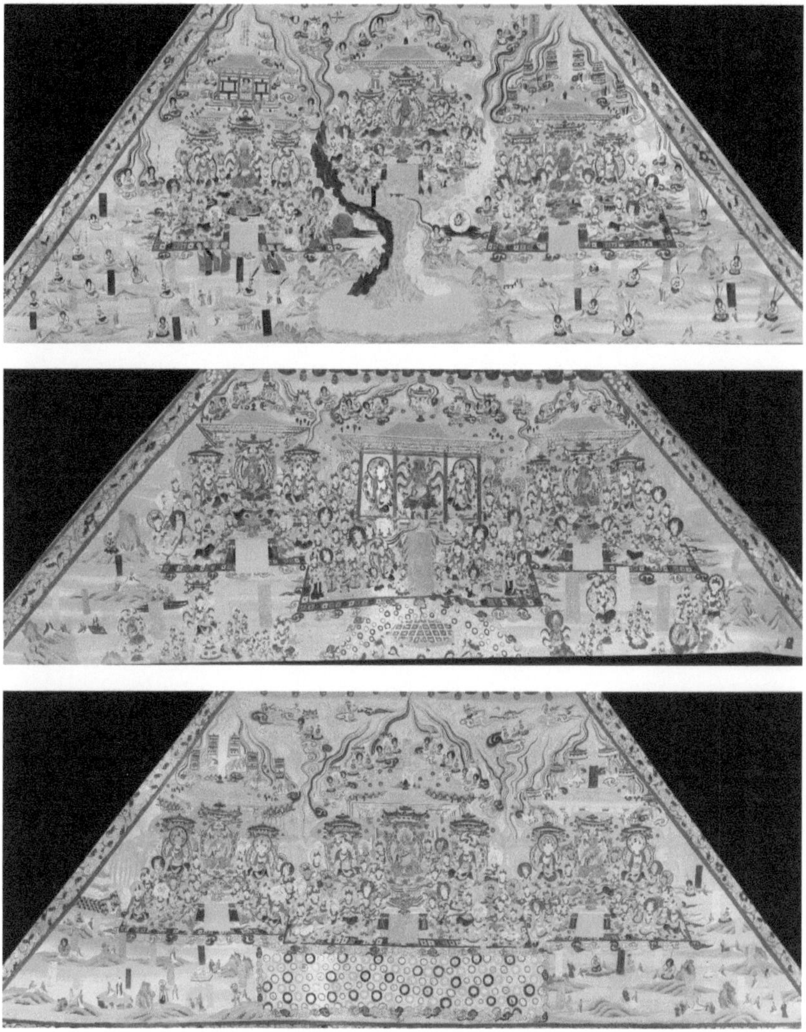

圖一：在莫高窟第九窟窟頂南、西、北三披，繪有華嚴經變圖，內容是描繪釋迦牟尼佛在人間三處、天上四處的九次說法會（敦煌研究院數字研究所製作）

財」。又因為他得道後常以童身出現，故俗稱「善財童子」。他是佛門修學的典範。據經文記載：有一年，文殊菩薩到善財的家鄉福城去弘法，善財也跑去聽講。他善根深厚，聽文殊菩薩講法後，頓時萌發了四方參學的志願。文殊菩薩首先指示他參訪南方勝樂國妙峰山德雲比丘。他依言而行，從德雲比丘那裏得法益後，又由德雲引薦去參訪另一位名師。就這樣，善財風塵僕僕，經歷「百城煙水」，依次參訪了五十三處的五十五位善知識（良師益友），其中不僅有佛門的菩薩、比丘、比丘尼、長者居士，還有外道的長者、童女、婆羅門、王者、仙人、天女、天神、地神等。最終，善財童子以堅強的毅力，虔誠的信願感動了普賢菩薩，並在其開示下成就了「菩薩行願」。善財童子的參學經歷啟發人們：學佛不僅要有吃苦精神與及鍥而不捨的毅力，還要持開放和虛心的態度，不分教內教外，凡有益於修學修行者都應虛心學習，不可自立藩籬，將別人的智慧和經驗拒之門外。

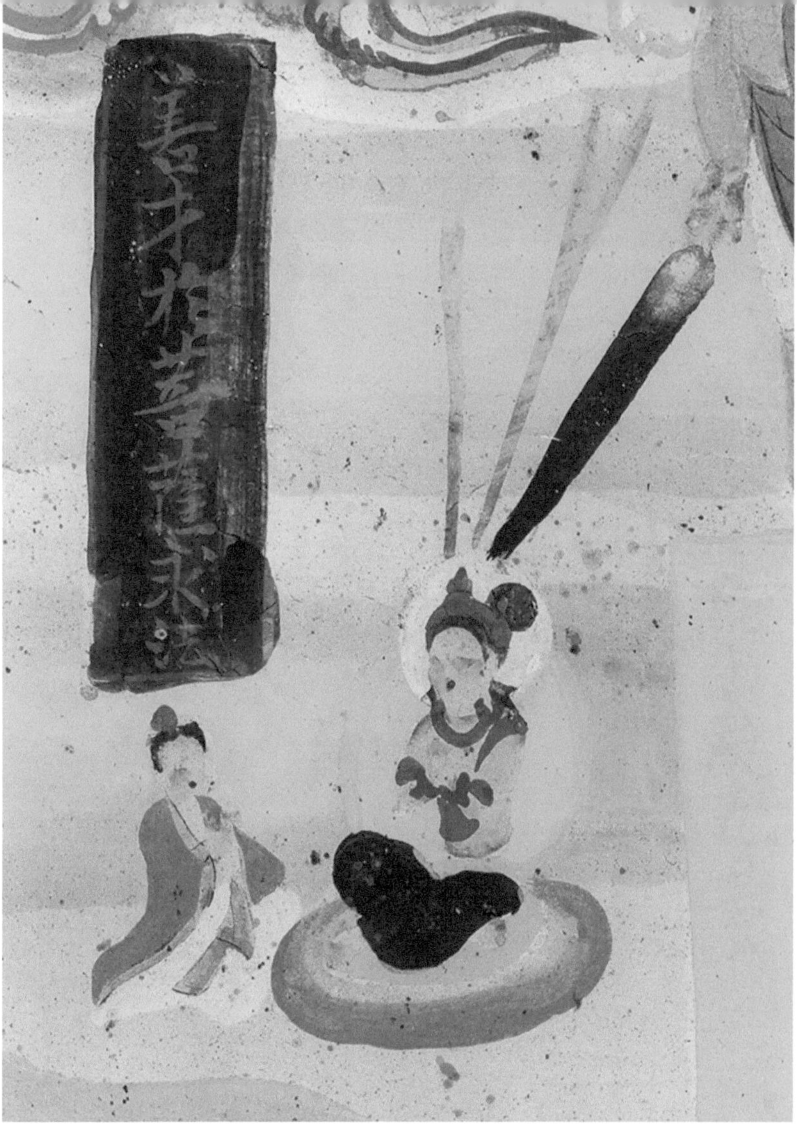

圖二：莫高窟第九窟窟頂南、西、北三披說法圖下部，又繪上了善財童子五十三參的故事。這圖在南披左邊，榜題已看不清了

涅槃經變

《涅槃經》，全稱《大般涅槃經》，是大乘佛教的重要經典之一，於公元二至三世紀間在南印度結集而成。漢文譯本由東晉法顯於三世紀時首次譯出，最早只有十卷本。其後北涼曇無讖由于闐取回後三十六卷，譯成四十卷本。

莫高窟第三三二窟（初唐）南壁繪的涅槃經變與西壁內的彩塑涅槃像合壁，是一鋪完整的涅槃經變（圖一）。南壁的經變圖高三點七米，長達六米。畫面由右下部開始，向左伸展，然後由左向右，以連環圖的形式描繪了《涅槃經》的九組情節：

第一組：臨終遺教。釋迦牟尼結跏趺坐，手作轉法輪印，為弟子們宣講涅槃思想，周圍眾菩薩弟子及天龍八部聆聽佛的最後一次說法。在畫的上部還畫了座大山，山下有一位比丘正與一位婆羅門對話，表現佛弟子迦葉正從耆闍崛山趕來，途中向婆羅門詢問釋迦牟尼的病情。

第二組：雙樹病卧。畫釋迦牟尼躺在娑羅雙樹林的七寶床上，眾弟子焦急地圍在釋迦牟尼周圍，詢問佛是否涅槃。

第三組：入般涅槃。表現釋迦牟尼於夜半時分入般涅槃，佛弟子們痛不欲生，硬咽流淚。拘尸那城的男女老少來到佛所在的地方，悲痛流淚。佛弟子密迹金剛悶絕於地；須跋陀羅先佛入滅。

第四組：商協入殮。拘尸那竭城的人們按轉輪聖王的規格入殮釋迦牟尼聖體，做成了用七寶鑲嵌的金棺。眾弟子菩薩等圍繞金棺禮拜舉哀。

第五組：再生説法。佛母摩耶夫人聽説牟尼涅槃，匆匆自天而降，十分悲傷。釋迦牟尼聽到了母親的説話聲，便從金棺中坐起，為母親講涅槃的意義。

第六組：大眾送殯。諸比丘抬着金棺出殯，有八菩薩持幡引路。眾菩薩、弟子及天龍八部等送葬。

第七組：香樓火化。佛棺焚化，眾菩薩弟子及佛母在旁哀悼。在畫面的右下方還畫出

圖一：莫高窟第三三二窟（初唐）南壁繪了一鋪完整的涅槃經變，圖高三點七米，長達六米。畫面由左向右，以連環圖的形式描繪了《涅槃經》的九組情節。此圖是大眾送殯。諸比丘抬着金棺出殯，有八菩薩持幡引路。眾菩薩、弟子及天龍八部等送葬。（敦煌研究院數字研究所制作）

三個比丘手舞足蹈。這是表示一些不守戒律的比丘，幸災樂禍，以為佛涅槃後再不會有人來管教他們了。

第八組：八王爭舍利。佛涅槃後，以摩揭陀國國王阿闍世為首的七個國王興兵前來，求舍利，遭到拘尸那王拒絕，於是混戰起來，以圖爭奪。

第九組：起塔供養。經一位婆羅門調停後，八王平息了戰爭，均分舍利，各自造塔供養。

此窟的涅槃經變內容豐富，氣勢宏大，人情味濃。其中有些畫面並沒有完全依照經文內容而繪製，而是依據現實生活中的喪葬禮儀和真實情景而繪製，反映了唐代上層社會的喪葬禮儀。

莫高窟第一四八窟（盛唐）有一幅規模更大的涅槃經變，橫貫南、西、北三壁，高約二點五米，總長度二十五米，畫中情節基本上和第三三二窟相同。

第一四八窟西壁榻上有石胎泥塑釋迦牟尼涅槃像，右脇枕手，累足橫卧，身長十四點四米；表達佛已擺脱了生老病死的輪迴，達到「常樂我淨」的永恆境界。這亦是佛家所指

涅槃經變

圖二：莫高窟第一五八窟西壁的涅槃大像長達十五點六米，石胎泥塑。這尊涅槃像，雙目半閉，唇含笑意，表達佛已擺脫了生老病死的輪迴，達到「常樂我淨」的永恒境界

的涅槃境界。莫高窟第一五八窟（中唐）西壁的涅槃大像長達十五點六米，亦是石胎泥塑（圖二一）。本窟的經變圖沒有詳細描繪涅槃的故事情節；重點則是南壁的眾弟子舉哀圖和北壁的各國國王、王子們的舉哀圖。

報恩經變（一）

《報恩經》，全稱《大方便佛報恩經》。據敦煌研究院謝生保、台灣東海大學林顯庭等學者考證，《報恩經》是在南朝宋梁之際（公元四四五至五一六年之間），由中國僧人改編和輯錄《涅槃經》、《賢愚經》、《雜寶藏經》等經典中有關孝養的內容，逐步撰集而成，為佛教中國化的表徵。

本經以講述孝養故事為主，共分九品，即：

一、序品：敍述阿難路遇婆羅門乞討供養父母的故事，為本經的緣起部份。（圖一）

二、孝養品：講述須闍提太子割肉濟養父母的故事。

三、對治品：講述轉輪王於身剜孔，燃千燈，以求正覺的故事。

四、發菩提心品：講述佛在過去世因七情六慾而墜地獄，其後發菩提心脱離地獄而成佛的故事。

五、論議品：講述忍辱太子挖眼、抽骨髓救父王，與及鹿母夫人的故事。

六、惡友品：講述善友太子入海取摩尼珠的故事。

七、慈品：講述大光明以頭施予敵國，一大臣不忍見而先於王自刎，與及五百盲賊、蓮華色比丘尼的故事。

八、優波離品：有關戒律的說教。

九、親近品：講述金毛獅子誓願成佛的故事。（圖二）

莫高窟現存二十餘幅報恩經變圖，以第八十五窟（晚唐）南壁東側的報恩經變內容最為豐富，情節最為完整。本窟的報恩經變以說法圖作為中心，其他各品內容圍繞這個中心依次排開。說法圖下端畫了一個赤裸上身的婆羅門背負着一個老婦人，對面還有一個僧人。這正是《報恩經》序品的情節，亦是整幅經變圖的引子。畫面展示釋迦牟尼的弟子阿難有一次路過一個婆羅門沿街乞討，深為其「所得美食供養父母，所得惡食而自用之」而感動。而此時恰巧有路過的外道譏諷佛不孝父母，於是阿難來到佛面前，當面請教，引至

圖一：莫高窟第八五窟南壁的報恩經變內容豐富，情節完整。〈序品〉敘述阿難路遇婆羅門乞討供養父母的故事，為本經的緣起部份。(敦煌研究院張偉文攝)

佛敎說《報恩經》。由此可見「孝」是此經的重要主題。所謂報恩，首先要報的是「父母之恩」。

說法圖右下方為〈孝養品〉，內容講述的是：波羅奈國大臣羅睺殺了國王篡位，同時派兵征討駐守在邊境的王子。叛軍將至，守宮神向王子報警。於是王子攜帶王妃和他們的兒子須闍提逃亡。因所帶食物不多，又誤入遠道，數日之後，糧食吃完，王子打算殺了王妃，食其肉以解燃眉之急，被兒子須闍提制止。之後，須闍提割下自己身上的肉來供奉父母。幾天後，須闍提身上肉盡，又剔下骨節的餘肉以獻父母，並催促父母速逃鄰國。在畫面上，可以見到須闍提坐在石上，持刀切割骨肉，並雙手托盤獻肉，又跪伏地上，送別父母，情景十分感人。王子與王妃走後，天帝為考驗須闍提的誠意，又變化出許多獅子、虎、狼，欲食其肉。須闍提盤腿坐在石上，毫無畏懼，坦然面對，於是「血肉頓生，身體平復如故」。

王子與王妃平安到達鄰國。鄰國國王知道了須闍提割肉養親的故事後，深受感動，於是派兵討伐羅睺，平息叛亂。王子夫婦歸國途中，在尋找須闍提屍骨時，卻驚喜地看到須

圖二：經變圖左上角是〈親近品〉，展現金毛獅子誓願成佛的故事，這是局部。（敦煌研究院張偉文攝）

闍提「身體完好如初」。須闍提歸國後，舉國上下感佩其仁孝，於是迎請須闍提繼承王位。在畫面的大殿中正中坐的就是須闍提，右側則是他的父親。這就是〈孝養品〉的情節。

圖三：報恩經變圖下方的〈孝養品〉，在畫面右方，可以見到須闍提太子坐在石上，持刀割肉，並雙手托盤獻肉，又跪伏地上，送別父母，情景十分感人。（敦煌研究院張偉文攝）

報恩經變（二）

《報恩經》的主旨，是講述「孝養」的故事。敦煌莫高窟現存的二十幅報恩經變圖中，以第八十五窟南壁的經變圖內容最豐富，情節最完整。除了上一篇介紹的〈序品〉和〈孝養品〉的情節外。對〈惡友品〉也有十分詳盡的描繪。

〈惡友品〉講述古印度有一個小王國，國王有善友和惡友兩個兒子。有一次善友出遊四門，見眾生相殘，勞累辛苦，頓生憐憫之心，於是將國庫的財物施予民眾，但遭到眾大臣的反對。善友遂決定出海尋求「摩尼寶珠」以濟眾生。「摩尼寶珠」是佛教傳說中無論任何索求，皆能如願的寶物。

第八十五窟的報恩經變圖中繪了一城池；城內善友身後有一侍從，手中抱着絹物；城外畫的是善友騎在馬上，侍從將絹物分捨給眾百姓（圖一）。經變圖左上角，畫善友出

報恩經變（一）

圖一：莫高窟第八五窟，報恩經變圖中的〈惡友品〉，善友太子騎在馬上，侍從將絹物分捨給眾百姓。（敦煌研究院張偉文攝）

海，岸邊有數人送行；善友先後到達銀山、金山、七寶山，還能看到有人搬運金銀上船。隨行嚮導忽然去世，臨終前告知善友去龍宮索取摩尼寶珠的道路。善友太子踏青、紅蓮花入海赴龍宮。在龍宮內，善友向龍王求取寶珠。取得寶珠的善友與三個龍神共乘彩雲飛空而出。

畫中又繪海岸邊善友與惡友相對而立。惡友得知善友獲得寶珠，心生忌恨，趁善友入睡用毒刺刺其雙眼，奪珠而去。善友眼瞎痛昏在地。此時恰有牛群路過，牛王眼見群牛將踩身而過時，逐以自身伏護，並用舌舐其目，拔出毒刺。復明的善友流落到利師跋國，並與該國公主相識、相愛。畫面上，善友膝上放一古箏正在彈奏，對面的公主正在聆聽箏音入神。兩人身後樹影綽約，飄忽搖曳。一對幸福的戀人正在花前月下，留連忘返（圖二）。這種充詩情畫意的場面，恰好與刺目、舐目等血淋淋的畫面緊挨在一起，更襯托出樹下彈箏環境的寧靜與幸福。當利師跋國王得知善友的身份後，立即派官員送善友和公主回國。善友與公主共乘一白象歸國，以德報怨，釋放被國王監禁的弟弟惡友；又沐浴焚香，祈求摩尼寶珠變成衣物財貨施捨於民。畫面中善友雙手合十，端坐城樓，城外立一高

圖二：善友太子膝上放一古箏正在彈奏，對面的公主正在聆聽箏音入神。兩人身後樹影綽約，飄忽搖曳。一對幸福的戀人正在花前月下，留連忘返。（敦煌研究院孫志軍攝）

柱，柱頂放置摩尼寶珠。寶珠變化為無數衣物綾綢徐徐飄落。眾百姓伸手接物，俯拾珍寶，歡喜雀躍。全畫就在這「一切眾生所須樂具，皆悉充足」之中結束。

上述無論是講報君親恩的〈孝養品〉還是講報眾生恩的〈惡友品〉，從中都能看到中國傳統倫理道德的影子。

敦煌莫高窟第一四六窟（五代）的南壁，亦繪了《報恩經》的〈序品〉、〈孝養品〉、〈惡友品〉、〈論議品〉和〈親近品〉的情節。〈論議品〉講述仙人收養的鹿女足到之處皆生蓮花，後被波羅奈國王迎娶為夫人，不久懷孕，滿月產下一朵蓮花。國王以為是怪物，故廢其夫人之位。一日，國王與群臣路過蓮花池邊，見池中蓮花發出紅光，派人摘取，於蓮花中得五百兒。國王知是鹿母夫人所生，於是，重立鹿母為夫人。後來五百王子長大成勇士，鄰國皆不敢侵犯，國土安穩。〈親近品〉則講述一金毛獅子深信佛法，誓不害人。一獵人為獲金毛獅皮奉獻國王求封賞，以毒箭射殺獅子。國王得知獵人的劣行後，怒逐獵人，聚香木火化獅身，並建塔供養其舍利。

梵網經變

《梵網經》，全稱《梵網經盧舍那佛說菩薩心地戒品第十》，為大乘佛教戒律經典。此經現存諸版本，皆署名鳩摩羅什譯，惟因出處不明，在隋代以前就曾被編入疑經類；近代也有些中日學者認為此經可能是劉宋末年（五世紀中）於漢地編述。

此經分兩卷。上卷為釋迦牟尼佛於第四禪天中的摩醯首羅天宮，與無量大梵天王和眾菩薩，向盧舍那佛請問菩薩之行因。由是鋪陳十發趣心、十長養心、十金剛心等三十心及十地等四十法門。下卷述釋迦牟尼佛於娑婆世間浮提的菩提樹下，揭示十重戒及四十八輕戒。由於下卷廣述菩薩戒，最受傳誦。隋代智顗曾撰《菩薩戒義疏》，特別講習弘揚此經。從此《梵網經》成為中國漢地傳授大乘戒最具權威的典籍，並為大乘各宗所通用；是故下卷獨立成篇，別稱亦多，例如《菩薩戒經》、《菩薩戒本》、《菩薩心地戒本》、《大乘

圖一：畫面頂部為摩醯首羅天宮，下段畫盧舍那佛坐蓮花台上説戒。兩側重點繪十重戒和四十八輕戒，都採用一佛二菩薩二弟子授戒圖的形式。（敦煌研究院張偉文攝）

菩薩戒本》等。

梵網經變在敦煌石窟中僅出現三鋪，故極為珍貴。莫高窟藏經洞出土的文獻中，據統計與梵網經變直接有關的《盧舍那佛說菩薩心地戒品》約有三十件，《盧舍那佛說菩薩十重四十八輕戒》四件，可惜全部流失國外。這批文獻反映了唐宋時期大乘戒律仍廣泛流傳於北方的事實。莫高窟、榆林窟現存五代、北宋時期繪製的三鋪梵網經變無疑是古代畫師依據當地寺院收藏的上述兩種經文版本構思繪製而成的。

莫高窟第四五四窟（北宋）內的梵網經變主要描繪序品的說戒法會。畫面頂部為摩醯首羅天宮，佈局疏散，以顯示天宮遼闊，是天上人間的分界線。下段畫盧舍那佛坐蓮花台上說戒。兩側重點繪十重戒和四十八輕戒；廣泛應用了一佛二菩薩二弟子說戒的構圖形式（圖一）。

畫面正中盧舍那佛坐於千葉蓮台上，每一枚花瓣上坐一釋迦牟尼佛。據經文記載，蓮瓣上所坐釋迦為盧舍那佛說的「千花上佛是吾化身」，即「千百億釋迦牟尼」。其他神眾、帝王、群臣、僧侶、善男、信女、連同禽獸六畜等都是赴說戒大會諦聽受戒的。主尊兩側為立

圖二：畫師把十重戒安置在並不顯眼的東西兩下角。此圖畫一僧人坐床上，右手舉刀割舌，一男子托盤跪侍，表示寧以百千刃刀割其舌而不破戒。（敦煌研究院張偉文攝）

髮、虎帽、蛇冠披甲的神王。香案東側為釋迦牟尼樹下說戒，五弟子合十聽法。下側為梵王五身合十跪坐，表示梵王帝釋和神眾來聽菩薩戒。後面是比丘及比丘尼聽菩薩戒。其上是手持笏板的百官宰相等聽菩薩戒。旁邊是震旦國皇帝來聽菩薩戒。香案西側下為四天王跪拜聽菩薩戒。其後為眾王子、比丘及兩大臣聽菩薩戒。上部為一切禽獸六畜來赴法會。

畫師把血淋淋的十重戒安置在並不顯眼的東西兩下角，體現了畫師創作構思用心之良苦。這十重戒有：一僧人坐在床上，右手持矛挑眼，表示寧可挑其雙目而不破戒；又畫一僧人坐床上，赤右腿前伸，右手持斧砍斫，表示寧以利斧斬其身而不破戒；再畫一僧人坐床上，右手舉刀割舌，一男子托盤跪侍，表示寧以百千刃刀割其舌而不破戒（圖二）；又畫一僧人舉刀割鼻，表示寧以百千刃刀割去鼻而不破戒。另外還有以鐵錘砸身，用熱錐遍刺耳根，以熱鐵網纏身等畫面，都是以這種自殘的方式表示不破戒的決心。

有學者研究後認為：五代、北宋時期在莫高窟、榆林窟出現這種梵網經變，反映了當時教界中出現一些「罕習經藝而質狀庸陋」、「破戒、貪利」的現象。石窟中的梵網經變應運而生，藉此宣揚持戒的重要性。

阿含經故事畫

《阿含經》是印度佛教的原始經典。阿含（梵文和巴利文：āgama），意即「法」或「教」，亦有傳授及傳承之義。《阿含經》是一種言行錄的體裁書籍，記述佛陀及其弟子的修道及弘法活動言行，還涉及古代印度社會風俗等內容。經文闡述了佛教的基本教義如四諦、四念處、八正道、十二因緣、十二分教、無常、無我、五蘊、四禪、四證淨、輪迴、善惡報應等論點。近現代佛教學者大多認為《阿含經》的原始誦本在第一次結集時（即佛陀入滅後不久）即已誦出，或基本完成。而將經文正式集成的時間，應不晚於佛滅百年之後在毘舍離舉行的「第二次結集」。

漢譯的《阿含經》，內容與南傳佛教的巴利文尼柯耶經典大致相若。現今流傳的《阿含經》，分以下四種：

圖一：莫高窟三〇五窟（隋代）西壁中間開了一個佛龕，龕外南側，有幅一佛四菩薩說法圖，圖上部是千佛，下部是供養人和圖案

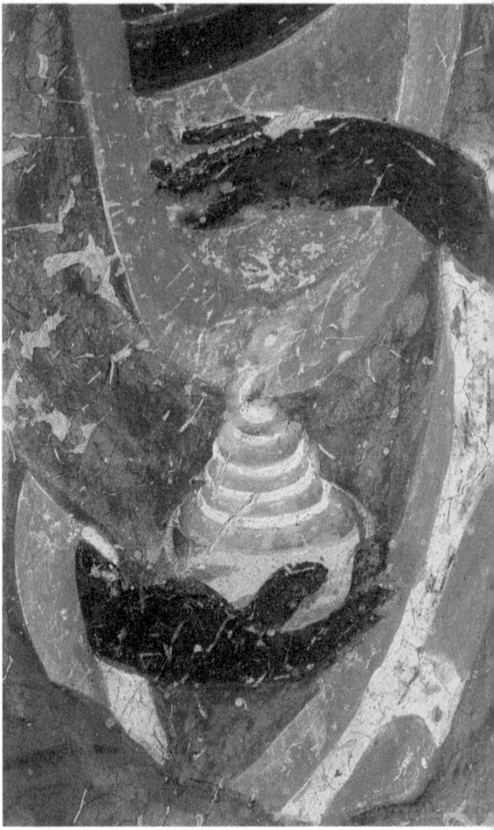

圖二：莫高窟三〇五窟西壁的説法圖中，釋迦右手托缽；缽內有一條盤起來的小龍，昂首看着釋迦。（敦煌研究院吳健攝）

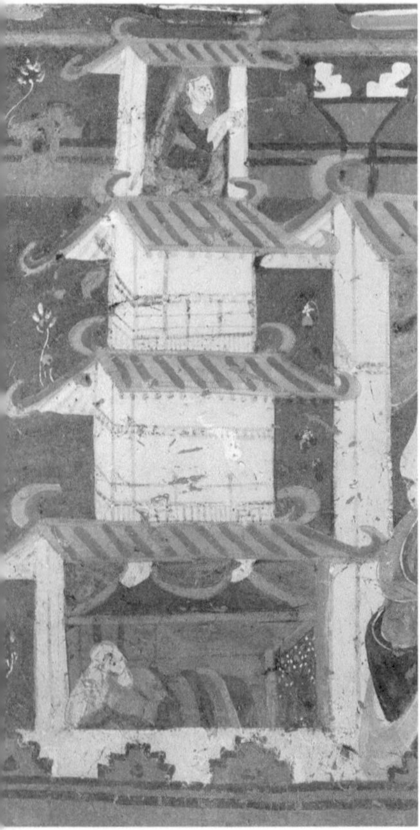

圖三：第二五七窟（北魏）西壁，有莫高窟唯一一幅壁畫繪須摩提女故事內容，以連環畫的方式展現。滿財長者讓須摩提女把他的師父—佛請來相見，「爾時須摩提女以香油塗身登高樓頭」遙請佛來。（敦煌研究院數字研究所制作）

一、《長阿含經》，今存二十二卷；
二、《中阿含經》，今存六十卷；
三、《雜阿含經》，今存五十卷；
四、《增一阿含經》，今存五十一卷。

敦煌壁畫的內容，主要源於公元後的大乘佛教經典。反映公元前的原始佛教經典的壁畫相對地少。莫高窟第三〇五窟（隋代）西壁，（圖一）與及第三八〇窟北壁的說法圖是兩個例子，均是根據《增一阿含經》佛降服毒龍的故事而繪製成的。

故事的內容是：有一天，佛陀到了尼連河畔大迦葉的住處。大迦葉當時是位信仰拜火教的外道，非常有學問；舉凡天文、地理、數學都無所不知。大迦葉還收了五百個弟子，每天教導他們。離開大迦葉住處不遠的地方，有個石室，室內住了一條毒龍。佛陀向大迦葉要求在石室借宿。大迦葉說石室內有毒龍，恐怕會傷人。佛陀表示不礙事；大迦葉只好讓佛陀入住石室。

佛陀在石室內結跏趺而坐。半夜裏，毒龍吐出毒火，欲傷害佛陀。佛陀身上發出佛

光（焰光三昧）。龍火與佛光，一時並作。佛光最後令毒龍不再起瞋恚之心，繼而進入佛陀的缽中安住下來。佛在降服毒龍的過程中，顯示了他的神通和智慧。這令大迦葉心悅誠服地帶領他的五百弟子皈依佛陀。

圖四：佛陀「遙知其意」，於是翌日和眾弟子各顯神通，依次從空中飛來相會。佛陀赴宴的場面，佔了大部份的畫面。首先是乾荼伙夫負鍋釜飛來、沙彌乘五百龍華樹來（敦煌研究院數字研究所制作）

在莫高窟第三〇五窟西壁龕外南側，可以見到一佛四菩薩說法圖（圖一），主尊佛交腳坐，右手托鉢；鉢內有一條盤起來的小龍（圖二），左手屈肘，掌心向下。第三八〇窟北壁說法圖中的主尊佛，也是手托一鉢，內有一小龍（似蛇型）。兩幅經變圖均描繪出毒龍縮小為蛇型，盤坐在佛鉢中的場景。壁畫中亦描繪了毒龍仰頭、吐舌、眼目清晰，傳神地表現出經文中「彼惡龍吐舌、舐如來手、熟視如來面」的細節，其中尤以第三八〇窟中的經變圖顯得特別生動。

莫高窟的第二五七窟（北魏）內，也有一幅須摩提女故事的壁畫，內容見諸《增一阿含經．須陀品第三十》。故事的內容是：篤信佛教的須摩提女被父親嫁到了外道家。她的公公滿財長者同意讓她把佛陀請來相見（圖三）。佛陀「遙知其意」，於是翌日和眾弟子各顯神通，依次從空中飛來相會（圖四）。滿財長者有見及此，被佛的神通所降服，一家皈依了佛教。須摩提女的故事，亦見諸三國時代支謙所譯的《須摩提女經》。根據敦煌研究院的研究，這幅畫源自支謙譯本的可能性較大。

楞伽經變

《楞伽經》，全稱《楞伽阿跋多羅寶經》，是印度大乘佛教中期的重要經典之一。全經以哲理思辯為主，介紹了「五法、三自性、八識、二無我」等中心論點，並詳細闡述了大乘中期的一些重要思想，包括「三界唯心」、「唯識」、「種性」、「緣起」、「涅槃」、「禪定」、「漸頓」等觀念。經文提出萬物唯自心現量所現；闡釋八識的功能及其各種活動。經文又強調如來藏識為一切識的根本，它藏有善惡兩類不同的種子，隨所受薰習的不同，而引發其善或惡種子活動。人的善惡業，皆以此種子而生發。

此經在南朝劉宋時傳入中國，對中國佛教產生了頗大的影響。它的唯識思想，反映了大乘佛教向唯識學過渡的橋樑。它的唯心論、禪法、頓漸之法，則成為中國禪宗開宗的基石。據說，禪宗初祖菩提達摩曾將此經授與二祖慧可，希望以此作為印心之法而祖祖傳授。其後，更有持此經以修行者，在佛教界稱為楞伽師，是為中國禪宗的先驅。

《楞伽經》的梵文原典曾由一位英國外交官在尼泊爾的首都加德滿都偶然發現。一九二三年，日本學者南條文雄校刊梵文本行世。一九三二年，另一位日本學者鈴木大拙依南條文雄版出版了英譯本。《楞伽經》在中國有三種漢文譯本，即南朝劉宋時，求那跋陀羅所譯的四卷本；北魏菩提流支所譯的十卷本，與及唐代實叉難陀所譯的七卷本。鈴本大拙認為，四卷本最古，其餘的七卷本及十卷本則是後來增補而成的。由北京社科院宗教研究所編譯和出版的《楞伽阿跋多羅寶經》（一九九四年），亦認為四卷本較忠於原經，故而後世注釋本也較多，影響較大，流行亦較廣。唐宋時，較流行在敦煌地區的則是七卷本，經文輔以一些形象的譬喻，更方便入畫。

楞伽經變在敦煌莫高窟始見於中唐，終於宋代，共存十二鋪；最詳盡的描繪見諸晚唐的第八十五窟及第九窟；五代的第六十一窟也畫面保存良好；一般分為序品、說法圖和壁喻畫三部份。

第八十五窟的楞伽經變繪於窟頂東坡。序品講楞伽城主羅婆那王下山請佛去說法。佛

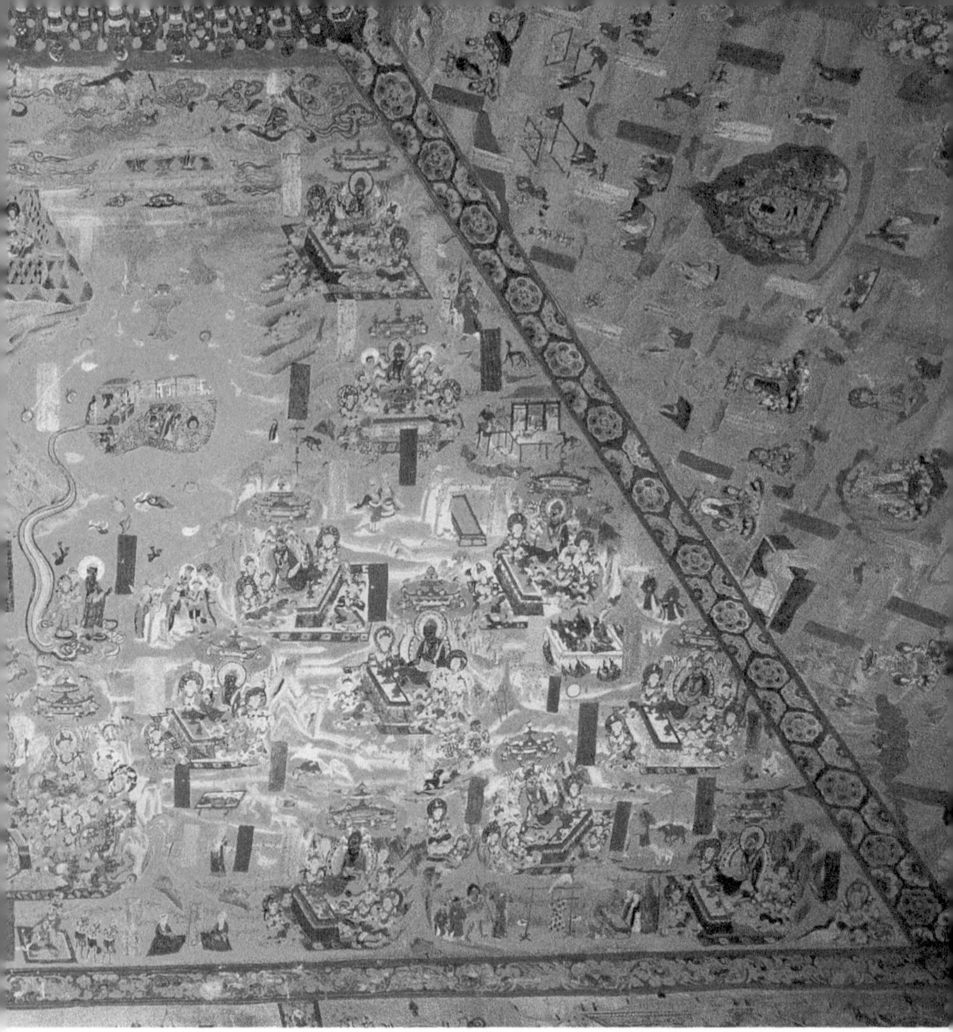

楞伽經變

圖一：第八五窟的楞伽經變繪於窟頂東坡。佛在摩羅耶山頂（今斯里蘭卡境內）楞伽城說法。經變圖正中是巨大草原中上的摩羅耶山，摩羅耶山的形狀獨特奇妙，兩頭大，中間小，狀如細腰鼓。這亦是楞伽經變的一大特徵。（敦煌研究院孫志軍攝）

即在摩羅耶山頂（今斯里蘭卡境內）楞伽城説法（圖一）。經變正中是巨大草原中上的摩羅耶山；山的形狀獨特奇妙，兩頭大，中間小，狀如細腰鼓。這亦是楞伽經變的一大特徵。説法圖只有一佛二菩薩和八個聽法者，沒有樂舞場面。

楞伽經變的另一特色根據七卷本的經文繪製的一些譬喻畫，甚有濃郁的生活氣息，以下僅舉數例：

一、肉鋪：屠夫正在案上砍骨切肉，案下有隻待食殘骨的狗。肉鋪內還掛滿了新宰的羊肉。（圖二）

二、尸毗王本生故事：宣揚尸毗王自我犧牲的精神，勸戒信眾們不要殺生食肉。

三、照鏡圖：通過男子照鏡這一生活細節，來譬喻佛教有關「頓悟」的説法。（圖三）

本窟的楞伽經變圖還有製陶、雜技、打獵、晾衣等譬喻

②
③

圖二：屠夫在肉案上砍骨切肉，案下有隻待食殘骨的狗。肉鋪內還掛滿了新宰的羊肉，畫的本意是勸戒善男信女勿殺生食肉，畫面則呈現了當時的生活情況。（敦煌研究院孫志軍攝）

圖三：墨書榜題：「譬如明鏡，頓現色像」，通過男子照鏡這一生活小節，來譬喻佛教有關「頓悟」的説法。（敦煌研究院孫志軍攝）

畫，不啻為一千年前的社會風情畫卷，頗引人入勝。

莫高窟第九窟（晚唐）西壁及頂部亦繪了楞伽經變，包括以下的譬喻畫，均為極富生活氣息的民情風俗畫。

一、青蛇逐人圖：譬喻有人把草繩誤認為毒蛇而驚慌失措、狼狽奔逃；反映人們對客觀世界的一些錯誤判斷。

二、良醫授藥圖：以良醫授藥治病比喻佛為眾生說法，讓眾生離苦得樂。

三、狩獵圖：表現經文中「夫肉食者，被夜叉、惡鬼奪其精氣」的內容。

敦煌密教圖像（一）漢密源流

佛教興起之前，印度的主要宗教是婆羅門教，以《吠陀經》為主要經典，崇拜三大主神（梵天、毗濕奴、濕婆）；主張善惡有報、人生輪迴，輪迴的形態取決於現世的行為。《吠陀經》中有不少對神的讚歌、祭詞、祈禱咒語等，亦稱為真言。信眾相信持誦這些真言可以得到神靈的護祐，達到消災招福的目的。換言之，在《吠陀經》中已經有了息災法、咒詛法、開運法等的真言密法。這些真言密法逐漸成為印度民間信仰而流行起來。佛教在印度興起之初，原先是禁止傳播和施行世俗的咒術密法的。隨着時間的過去，這些民間信仰對佛教也逐漸產生一些影響。原因有三：

一、真言信仰當時在印度社會已相當普遍化；

二、隨着佛教教團的不斷擴大，奉持咒術密法的婆羅門教徒大量轉入佛教；

三、為了弘傳佛法和普度眾生的攝化方便，逐漸融會吸收了一些民間真言信仰。這也就是佛教中的密教信仰的起源和萌芽時期。在原始佛教的經典中，就不乏原樣照搬或略加改動民間持誦的吠陀讚歌和咒語，攝取為佛教的神咒，引入佛典之中，形成佛教中的真言咒語，藉以幫助信徒攝神定心，或消災除障。到了五、六世紀，又產生了與真言咒語相關的印契和曼荼羅；再過了大約一個世紀，正式發展成為印度大乘佛教的密教期和密宗。

密宗，亦稱密教，又名「真言乘」、「金剛乘」等。密教相信其教義是受法身佛大日如來（或稱毗盧遮那佛）深奧秘密教旨的傳授，為「真實言教」；並將其他佛教派別的教義視為釋迦牟尼佛公開宣講的佛法教義，稱之為「顯教」。密教認為宇宙一切皆為大日如來所顯示。在修行過程中，密教講究「身、口、意」三密為用，即手結印契、口誦真言咒語、內心觀想。如果三密能夠與諸佛的身、口、意相應，便會「三業清淨、即身成佛」。

密教在敦煌留下了不少的遺跡，包括圖像和文獻。從敦煌藏經洞（莫高窟第十七窟）所發現的《大方等陀羅尼經》、《雜咒經》、《諸尊陀羅尼經》等密教經典表明，這些源自印度，以祈願、隆福、驅邪、除害為宗旨的雜咒，在隋代以前就在敦煌地區傳播。初唐以

圖一：莫高窟三二一窟東壁，門傍有初唐繪畫的十一面觀音，面相慈祥，沒有頭光和背光，戴寶冠，六臂，身材修長立於蓮花上，背後雙樹長五色銀杏葉，枝葉相交與觀音的華蓋構成一個更大的傘蓋

② | ③

圖二：莫高窟盛唐時期的洞窟，當中有密教形象和題材的有二十八個，而第一四八窟被視為盛唐密教的經典洞窟，因此窟集中了三種密教經變，也有敦煌地區首次出現的完整的密教龕。南壁的如意輪觀音龕是《如意輪陀羅尼經》的圖解，龕內塑像已不存，現存屏風畫八扇，此圖裁自其中一扇，圖解《如意輪陀羅尼經．破業障第二品》，觀自在菩薩坐在蓮花座上說法。（敦煌研究院吳健攝）

圖三：如意輪觀音龕頂部中央的壁畫大部份已脫落，僅存一小部份，有這幅完好的六臂飛天。飛天兩手撥弄琵琶，一手持橫笛於口邊吹奏，一手搖鐸玲，後兩手高舉頭上擊鐃，加上有動感的飄帶和祥雲，極富音樂韻味。（敦煌研究院吳健攝）

後，大量密典被漢譯。整個唐代及五代、宋初，密教經典不僅越來越多，而且不少密教經典還把顯教經典中的佛菩薩及神祇移植到密教經典中，令密教神祇的地位越來越高。誦持密典、供奉密教神祇所獲得功德也越來越大。再加上深受唐朝皇帝推崇的密教大師不空曾於天寶年間（公元七五三—七五四年）到河西弘法、譯經，更促成了敦煌地區密教的進一步發展。這一時期的密教，學術界一般稱為「漢密」，即漢地所傳的密教；也有人稱唐代時期的「漢密」為「唐密」，傳到了日本後稱為「東密」。

敦煌莫高窟、安西榆林窟現存的漢密圖像不少。按敦煌研究院彭金章教授的初步統計，有十一面觀音四十一幅（其中壁畫三十二幅，藏經洞所出絹畫九幅）；千手千眼觀音七十一幅（其中壁畫五十七幅；藏經洞所出絹、麻、紙畫十四幅）；不空羂索（三面四臂）觀音八十幅（其中壁畫七十五幅，藏經洞所出絹畫五幅）；如意輪觀音八十幅（其中壁畫七十二幅；藏經洞所出絹畫八幅）；千手千鉢文殊十八幅（其中壁畫十七幅，藏經洞所出絹畫一幅）。此外還有孔雀明王、馬頭觀音、水月觀音、密嚴經變、佛頂尊勝陀羅尼經變、四臂觀音、六臂觀音、八臂觀音、金剛杵觀音、金剛劍菩薩等，種類繁多，十分豐富。

敦煌密教圖像（二）漢密壁畫

印度佛教的密教信仰，於發展的早期已開始傳入中國。據隋代費長房編撰的《歷代三寶記》所載，早在東漢魏晉時期，《陀羅尼經》、《大總持神咒經》等多種雜密（即早期密教）的經咒已在中國有了傳譯。到了東晉，又有《孔雀明王經》分別譯於建康（今南京）和長安。此後諸神咒、陀羅尼（即咒語）的漢譯不絕於南北。隨着雜密經咒在中國的傳播，雜密圖像也就在漢地出現了。就全國而言，保存至今、年代最早的雜密形像是山西大同雲岡石窟第七—八窟屬於北魏孝文帝時期（公元四七一—四九九年）的護法神摩醯首羅天、鳩摩羅天。而在敦煌莫高窟則以西魏大統四年（公元五三八年）以前開鑿的第二八五窟西壁中龕兩側繪製的鳩摩羅天、摩醯首羅天、毗那耶迦天、那羅延天等多頭多臂的雜密護法諸神為最早（圖一）。西魏時期的洞窟有十餘個，但雜密圖像不多，反映密教

圖一：最早出現在莫高窟的雜密圖像，見於西魏大統四年（公元五三八年）以前開鑿的第二八五窟，該窟西壁中龕兩側繪製了鳩摩羅天、摩醯首羅天、毗那耶迦天、那羅延天等多頭多臂的雜密護法諸神

信仰當時仍未太流行。

隋至初唐時期（公元七世紀），印度佛教進入了密教的高峰期。這個時期來華的僧人如闍那崛多、達摩笈多等都譯出密典；中國高僧如玄奘、義淨等也積極將密典譯成漢文。其中影響較大有《佛頂尊勝陀羅尼經》、《大乘密嚴經》與及由玄奘於公元六五六年重新漢譯的《十一面神咒心經》和公元六五九年重譯的《不空羂索神咒心經》、義淨於公元六九三年重譯的《不空羂索咒心經》與及於公元七〇九年譯的《千手千眼觀世音菩薩姥陀羅尼身經》、《如意輪陀羅尼經》的新譯的三十卷本《不空羂索神變真言經》等。隨着更多密教經典的漢譯和傳播，密教圖像也就逐漸多起來了。就敦煌石窟而言，隋代的第三〇五窟、初唐的莫高窟第三四〇、三三四、三二一、三三一窟、榆林窟第二十三窟的十一面觀音與及第三四一窟的八臂觀音，均屬密教圖像。

盛唐時期，「開元三大士」善無畏、金剛智、不空相繼東來。三位密教大師先後譯出多部密教經典及儀軌，其中有《大日經》、《金剛頂經》與及大量念誦儀軌，對密教修持與傳播起了重要作用。不空曾於天寶十二至十三年赴河西弘密，也帶動了敦煌地區密教的發展。這個時期敦煌石窟中的密教圖像無論是數量和種類都顯著增加；繪製於洞窟的位置也越來越顯要。除十一面觀音、八臂觀音繼續流行外，新出現了千手千眼觀音、如意輪觀音、不空羂索觀音、孔雀明王、四臂觀音與及三頭六臂觀音等。

中唐時期，即吐蕃佔領敦煌時期（公元七八六—八四八年），除上述密教圖像之外，又新出現了千手千鉢文殊（圖二）、金剛杵觀音、東方不動佛、寶幢香菩薩、交杵等圖像；其種類和數目超過盛唐時期。莫高窟的第七、三六一、三七〇窟主室頂心繪製了交杵；第二三一及二三八窟甬道頂繪製了千手千眼觀音和四臂觀音；反映了密教地位的進一步提高。

晚唐時期，又新出現了密嚴經變、金剛三昧菩薩、八臂寶幢菩薩、三面四臂菩薩等漢密圖像。種類和數量均超過中唐時期。在洞窟主室的頂心不僅繼續繪製交杵（莫高窟第十四、三十、一四〇窟），而且在第十窟和第一六一窟主室頂心還分別繪製了十一面觀音經變和千手千眼觀音經變。這是前所未見的。第一五六窟的西壁龕頂和第十四窟的主壁亦是密教壁畫。這反映了晚唐是敦煌密教最繁盛的時期。

圖二：千手千缽文殊經變圖位於莫高窟第三六一窟東壁門南。中唐時期，又新出現了千手千缽文殊經變，與千手千眼觀音經變成組合形式，各居左右對稱出現。主尊文殊菩薩千手托缽組成五個圓環，部份缽中現釋迦佛。（敦煌研究院吳健攝）

敦煌密教圖像（三）藏密壁畫

敦煌地區的密教源於印度，於魏晉期間初傳，至晚唐達高峰期。到了西夏時期（公元一〇三八—一二二七年），漢密圖像逐漸減少；藏傳佛教的影響則越來越明顯。

西夏王室信奉佛教，初期主要是接受中原的佛教。到了西夏中晚期則對吐蕃流行的藏傳佛教（即藏密）採取兼收並蓄的態度。西藏佛教噶瑪噶舉派的藏索哇和薩迦派的回巴瓦國師覺本，於仁孝皇帝在位時（公元一一四〇—一一九三年）先後來到西夏傳授藏傳佛教的經義和儀軌，很受寵信，被西夏王尊為上師，促使藏密在西夏全境迅速傳播。藏密在西夏中晚期傳播至瓜、沙二州後，逐漸取代了漢密的影響；至蒙元時期（公元一二二七—一三八六年）更如是。

敦煌石窟現存的西夏時期藏傳密教圖像，包括了安西東千佛洞第五窟東壁門北側壁畫，頗具早期藏式密像的特點。特別是壁畫中部南側的佛塔，與薩迦時期流行的「噶當覺頓」式佛塔較為相似。榆林窟第三窟、第二十九窟等西夏晚期洞窟也出現了上寬下窄、肉髻高尖的藏式佛像。

元代的藏密圖像在敦煌莫高窟第四六二、四六三、四六五窟與及安西榆林窟第四窟均有分佈，其中尤以莫高窟第四六五窟為最典型的純粹藏傳密教洞窟。據北京大學考古系教授宿白先生研究，該窟的開鑿時間是十三世紀晚期；其色彩、畫風完全是藏畫傳統，故推測畫師可能來自西藏。該窟前室南壁東側有朱書題記：「……昌府口塔寺僧人……逵吉祥秦州僧……吉祥山丹口……於元統三年……八日到此秘密寺……記耳」，因此知此窟元時稱秘密寺。該窟有前後室，平面均呈方型，皆覆斗頂。前室西壁和南北壁各繪一噶當覺頓式佛塔。後室正中建四階圓壇，惟壇上圖像已無存。壇上方覆斗頂正中及四披畫五方佛及其眷屬（圖一）。後室東壁門北側繪製的主尊為大黑天（又名摩訶迦羅），本為婆羅門教濕婆（即大自在天）的化身，後為佛教吸納成為佛教的護法神，亦是財神和專治疾病的醫神（圖二）。門南側有三尊主像，其中下左側為大功德大（又名摩訶室利），即吉祥天女，本

圖一：莫高窟第四六五窟後室方型，覆斗頂正中及四披畫五方佛及其眷屬，中心是大日如來

為婆羅門教、印度教所信奉之神，後被佛教吸納為護法神。後室北壁有三鋪像，中鋪主像為雙身，左側主像為單身。中鋪男身可能是喜金剛（薩迦派最重要的本尊）；女身則為喜金剛明妃金剛無我母。西壁有三鋪像，中鋪主像雙身，兩側主像為單身。中鋪男身可能是上樂金剛（又名勝樂金剛，是藏傳佛教無上瑜伽部的本尊）；女身則為上樂金剛明妃金剛亥母。南壁三鋪主像皆雙身像，從其特徵分析，其中東側可能是大幻金剛（藏傳佛教噶舉派本尊）及其明妃。細看本窟壁畫分佈之格局，可見畫面皆用竹筆作遒勁的細線描繪；手心足掌皆施紅色。這些都是十三世紀至十五世紀藏畫的特色；喜用蘭白冷色，亦是藏畫所常見。噶當覺頓式佛塔也是十三、四世紀藏地流行的塔式。莫高窟能出現如此典型的早期藏式密畫，亦多少反映了自元世祖以來，既尊薩迦派領袖人物為帝師，又重視噶舉派的宗教傳統。

圖二：後室東壁門北側繪製的主尊為大黑天（又名摩訶迦羅），本為婆羅門教濕婆（即大自在天）的化身，後為佛教吸納成為佛教的護法神，亦是財神和專治疾病的醫神

敦煌密教圖像（四）佛頂尊勝陀羅尼經變

《佛頂尊勝陀羅尼經》是佛教密宗的一部經典，主要內容是佛陀為善住天子宣說消災延壽之法，特別顯示唸誦「尊勝陀羅尼咒」之靈驗。話說在佛陀時代，一位在天界的善住天子，有一天突然聽到一個聲音，告訴他福報即將享盡，七日後將死亡，並且會先轉生畜生道，而後又再墮落地獄道受種種苦刑，之後再投胎在卑賤的人家，如此接連轉生受惡報。善住天子聽後非常驚恐，趕忙去向帝釋天求救；帝釋天入定觀察確認後，再向釋迦牟尼佛求救。佛陀知道後，便傳下了「尊勝陀羅尼咒」。而善住天子依佛陀的指示，連續持誦六日六夜後，終於淨除了過去世所造的種種罪業，增福增壽，並得到釋迦牟尼佛的摩頂授記。

在唐代，「尊勝陀羅尼咒」（簡稱「尊勝咒」）是佛教徒間最流行唸誦的咒語。公元七七六年時，唐代宗更下達詔書，命令全國僧尼每日須持誦「尊勝咒」二十一遍；並於每年的正月初一，向皇帝匯報去年全國僧尼持誦的總數。公元八六〇年，日本的清和天皇也下了相同的詔令，可見「尊勝咒」當時受重視的程度。

《佛頂尊勝陀羅尼經》是由罽賓國（今克什米爾地區）的僧人佛陀波利於公元六八二年帶到中國長安（今西安）（圖一）。由於當時唐朝的法律規定，必須得到皇帝的批准才可將梵文佛經翻譯成中文；當唐高宗得到梵文本《佛頂尊勝陀羅尼經》後，立刻交予日照三藏法師等人翻譯，並一度想將經本留在宮中供奉，不得外傳。經佛陀波利百般請求，唐高宗才不情願地將梵文本經歸還。佛陀波利其後與順貞法師於五臺山附近的西明寺共同翻譯，以便「尊勝咒」流傳於中土。

敦煌莫高窟現今遺留的佛頂尊勝陀羅尼經變圖有兩鋪，分別在第五十五窟及第四五四窟，均為北宋洞窟，內容正是根據上述經文而繪製的。

第五十五窟的佛頂尊勝陀羅尼經變繪於北壁西側（圖二）。經變畫正中繪大海，海中有須彌山。山頂有一座天宮，天宮外彩雲飄拂，雲上有屋，代表三十三天的宮殿。這是描

圖一：莫高窟第六一窟（五代）西壁，是著名的「五台山圖」。圖中見到罽賓國僧人佛陀波利與白衣老人，這是記載於《廣清涼傳》和《佛頂尊勝陀羅尼經序》故事。榜題由左至右豎行書寫：「弗陁波利從罽賓國來尋臺峰／遂見文殊廾廾（菩薩）化老人身路問其由」

圖二：莫高窟第五五窟北壁的佛頂尊勝陀羅尼經變圖（北宋），若果不是榜題寫了「佛頂尊勝陀羅尼經」，只看構圖及內容，與一般顯教的說法圖相似。此經在五代、宋時開始作為密教經變的新題材，在敦煌石窟中出現

繪三十三天與善住法會，善住天子與彩女歡喜遊戲的場景。一朵彩雲從圍牆正面門中向畫面右側飛下，雲頭上有三人，畫帝釋天下天宮去釋迦之居所。在經變畫兩側有條幅畫，表現的是受持佛頂尊勝陀羅尼的功德。

第四五四窟的經變圖也有規模宏大的宮殿建築。宮殿建於寶池上，池中有蓮花。宮殿由主殿、側殿、虹橋、平台等組成，結構複雜，氣勢雄偉，類似阿彌陀、觀無量壽、藥師、彌勒等經變中的建築；估計是受到上述各種較早期的經變圖影響，而不是創新。

近年，有日本學者下野玲子根據自己對敦煌法華經變圖的考察，認為唐代的第二十三、三十一、一〇三及二一七窟的法華經變，其內容有可能是佛頂尊勝陀羅尼經變。法國遠東學院的學者郭麗英等亦認為第一五六窟（晚唐）的法華經變可能是佛頂尊勝陀羅尼經變，因為畫中一樓房內有一俗裝男子在讀經，可能是《尊勝經》中所說的「佛告天帝：若人能書寫此陀羅尼，安高幢上，或安高山，或安樓上……」。這些推論仍有待進一步的研究才能定案。

下篇

從舊照片中看到的——
那些年、那些人、那些事

李美賢

敦煌研究院特別研究員

敦煌莫高窟，這個跨越千年的佛教藝術寶庫可以保存至今實在是一個奇跡。她既是東西文化交流的結晶，又是連續千年的中華藝術的原址博物館，更是中國中古歷史文化研究的資料寶庫。今天，她展示了無比的風姿和魅力，備受世人的高度讚嘆。但有沒有想到，在五六十年前的她，是多麼的形枯憔悴！只因為曾有一些人，一些被敦煌「召喚」的年青人，不曉得是命運冥冥中的安排，還是被藝術震撼所感召，千辛萬苦地奔赴西北這偏遠、荒蕪的三危山畔。他們在莫高窟相遇，在這荒漠裏堅持着，守護了一輩子。他們的努力，使莫高窟的千年藝術得以重現光彩，千年壽命得以延續。

而那些年，那些人，他們的生命與莫高窟交織着，編成一篇悲壯的樂章。那些人（本篇以七十五歲以上的老人為主）如今已走到了生命樂章的尾聲，已垂垂老去，有些更已離我們而去。我們仍能從一些舊照片中，看到他們當年風華正茂，為保護這石窟寶庫而甘願奉獻寶貴青春。他們的精神同樣感召着下一代。很可惜，由於時空的交錯，我無緣在他們身邊學習，但也曾經有機會訪問過其中一些人。本篇將透過當事人的著作或作者的訪問，呈現那些年，那些人，那些事的點點滴滴……重點是介紹他們當年的生活。

往敦煌路上

今天，我們從西安、北京、蘭州等地到敦煌，坐飛機只需約三小時。但在數十年前，一班熱衷中華藝術的熱血青年，往敦煌之路卻是千辛萬苦的。他們多只能乘破舊卡車、貨車，騎自行車，有些路段甚至只能靠步行前往。他們一站接一站，經過一年半載，甚至更長的時間才能走到夢寐以求，同時也是「平沙萬里絕人煙」之地。且看看以下各位的描述：

「一九四三年二月二十日清晨，我們……一行六人，像中世紀的苦行僧一樣，……頂着高原早春的刺骨寒風，乘着一輛破舊的敞篷卡車……從蘭州到敦煌……一共走了一個來月。……汽車在寒冷的夜間行駛，戈壁灘上的風沙夾着冰冷的雪花，刀割一樣地抽打着車上的人。」

……………………**常書鴻**[1]

「從四川到敦煌去，可不是件容易事，我卻貿然挈帶家小……第一步到了廣元，住了半個月，才找到不花錢的油罐車。到了蘭州……投靠朋友，找份工作住了下來。」無法繼續前往，「主要是沒有錢……我又失業了，只好借債賣畫度日。而去敦煌的念頭卻愈加強烈，簡直像一條蛇咬着不放。」

……………………**潘絜茲**[2]

莫高窟 1907 年（斯坦因 Aurel Stein 攝）

和李浴「冒着風雪去了一次安西萬佛峽（榆林窟），牛車在沙漠裏過夜，大雪埋了我們半截身子」。

……………… **潘絜茲**[3]

上：莫高窟 1908 年（伯希和 Paul Pelliot 攝）

下：莫高窟第 256 窟以北，洞窟加固前之外貌（1957 年 10 月 7 日）

初到莫高窟（千佛洞）（四五十年代）

窟外：

「第一眼看到的千佛洞，竟然是一片破敗荒涼的景象，一排排洞窟，有的已經坍塌，有的已被沙埋，正像一個美麗的少女，粗頭亂髮，衣不蔽體，受盡欺凌，被遺棄在這荒漠沙丘中。」

……………… **潘絜茲**[4]

初到莫高窟（千佛洞）（四五十年代）

「流沙簌簌在危崖上飄流，像瀑布一樣，……下層洞窟多半被沙淹埋，危岩殘壁上棧道早毀，上層洞窟大部份要從清末王道士偃人毀壁鑿成的洞穴穿過。奇異的是儘管這些破洞殘壁如此襤褸，其中的壁畫與彩塑卻處處神采奕奕，放射着誘人的藝術魅力。」——**史葦湘**[5]

左：莫高窟第 289 窟，洞窟加固前之外貌（1964 年 8 月 31 日）

右：洞窟加固前之外貌

「敦煌藝術研究所建立之初，連上洞窟工作都非常困難的，下層洞窟被沙封堵，上層洞窟之間沒有通道，一切都得從零開始。」……**孫儒僩**6

「榆林窟比莫高窟還荒涼，當年的託管員郭元亨稱榆林窟是一個『除了吃飯不張嘴』的地方，是人跡罕至的遺址。」……**李其瓊**7

「……當時有些高層洞子攀登不易，……借助於一根很長的獨木梯（俗稱蜈蚣梯），險些沒失足摔下。」……**李浴**8

初到莫高窟（千佛洞）（四五十年代）

右：莫高窟第 263 窟，洞窟加固前之出入情況
左：莫高窟洞窟加固施工情況（1964 年 4 月 4 日）

蜈蚣梯

窟內：與莫高窟藝術的邂逅

「真是百聞不如一見！對這個偉大的藝術寶庫，我過去一點支離破碎的了解，簡直太膚淺、太可憐了。……在這個偉大的民族藝術寶庫面前，我感到深深內疚的是，自己在漂洋過海，旅居歐洲時期，只認為希臘、羅馬和歐洲文藝復興時期藝術是世界文藝發展的高峰，而對祖國偉大燦爛的古代藝術卻一無所知。今天，面對祖先遺留下來的稀世珍寶，才如夢初醒，追悔莫及。」……**常書鴻**[9]

「第一次進入石窟時，我被這些古老瑰麗的壁畫和彩塑驚嚇得發呆了。假若說人間確曾有過什麼『威懾力量』，在我充滿三災八難的一生中，還沒有一次可以與初見莫高窟時，心靈上受到的震撼與衝擊可以比擬。……我是處在一種持續的興奮之中，既忘卻了遠別家鄉離愁，也沒有被天天上洞窟的奔波所苦，彷彿每天都在享用無盡豐美的綺筵盛宴。……每一個洞多像我小時候玩過的萬花筒，決不重複地變換着場景……如飢似渴的參觀，彷彿着了魔，甚至那些破牆殘壁上的一兩塊顏色，三五條線描，都會使我一顧三盼，留連忘返。」……**史葦湘**[10]

「我真好像一頭餓牛闖進了菜園子，精神上飽餐了一頓。連接幾天我都在洞窟中度過，有時甚至忘記了吃飯。」……**段文傑**[11]

「一進洞窟就像進入了極樂世界，神遊物外。……精神就來了，什麼都忘記了，裏邊有看不完的東西，什麼都想看，都想要……一畫入眼裏，萬事離心中。每一次都有新發現，心情特別愉快，不覺苦。」……**關友惠**[12]

「一進洞窟，情不自禁。」……**施萍婷**[13]

「永遠看不完，樂在其中，樂此不疲。」……**李永寧**[14]

上：訪談 李永寧與作者 2011年8月27日 蘭州（高敏儀攝）

下：訪談 施萍婷與作者 2011年8月28日 蘭州（高敏儀攝）

他們的生活

住：

「小屋裏是土炕、土桌、土壁櫥、土書架，除了一個可以挪動的木凳，所有家具全是用土坯壘起來的，……光潔平滑、不潮、不塌，非常適用。……事務員老范（范華）給我送來一盞銅質煤油燈。向我說這排房子是原寺院的馬房（馬廄），是每年廟會群眾拴牲口的地方。三年前（一九四五年）才改造成職工宿舍。」

……………**史葦湘**[15]

「為了解決第一批藝術家職工的住宿問題，爸爸決定把中寺後院的一排馬廄改造為一排每間約十二平方米的小房間，分給每戶一間，還用土坯砌出了土炕、土桌、土沙發……。」

……………**常沙娜——常書鴻女兒**[16]

上：土房子內貌 樊錦詩舊居（高敏儀攝）

下：早期職工宿舍，由馬廄改造的土房子，沿用至90年代末期（高敏儀攝）

吃喝：

「喝的是苦水（鹹水），初來乍到，往往腸鳴水瀉。……半年後肚子才正常。如有首長到敦煌參觀，得從敦煌城拉水。冬天，我們在宕泉河上鑿冰沖沖，才喝上一陣子甜水。」

……**施萍婷**[17]

上：於莫高窟前宕泉河破冰取水（1955年1月）

下：自種糧食，自給自足（1954年10月9日）

「一日兩餐白水煮麵條和清湯白菜、蘿蔔，維持着生命的最低要求。但是在精神上都非常富有，上洞下洞，孜孜不倦，天天如此，毫無怠意。」

……**史葦湘**[18]

「吃的是粗茶淡飯，……想改善生活，只好去掏麻雀，打鴿子。」

……**潘絜茲**[19]

「敦煌處在大沙漠裏，蔬菜奇缺，爸爸又搞來菜籽，親自帶領大家開地種菜。」

……**常沙娜**[20]

割麥收成（1964 年 7 月 24 日）

「這裏過的基本是集體生活，我們不用在自己家做飯了，研究所統一伙食，大家一起在公共食堂吃飯。」……常沙娜21

「在敦煌，鹽叫鹽巴，醋是必須吃的，因為當地的水鹼性大得很，喝水的玻璃杯上滿是白印，凝固的都是水中的鹼。」……常沙娜22

「一九五九年夏天，我和史葦湘等三人和一做飯的工友鞏金到榆林做臨摹工作。當時的糧食是有定量分配的，每人一斤（每人每餐只有三點三兩麵粉）。其實是不足夠的，所以工友常常要挖野草，那野草稱灰條，味澀，不宜人吃，一般用來餵豬的。在用膳時，鞏金往往吃到中途就不吃了，當時不明白，後來才知道，其實他沒吃飽，寧願自己少吃，讓這些年青人吃得飽一點，因為他們的工作很重要。……所以，沒有工人們的支持就不能成就敦煌事業。」……關友惠23

「鞏金不識字，在莫高窟做保衛工作，許多樹是他種的。晚上澆水，澆到哪睡到哪。」……關友惠24

他同時是「農場種地的組織者、帶頭人，也是最主要的勞動力。耕、播、收、打均需他親力去做。他的話不多……做活總是先別人早到工地，下班最後一人離開。……從不釋閒。在他的帶領下，……職工膳食得到很好的改善」。……………**關友惠**[25]

「那時（五十年代），從莫高窟到敦煌市買東西，馬車要走半天，第二天採購，第三天回來。……糧食不夠，有時挖野菇，採集草籽，或到宕泉河挖鎖陽，拌麵條來吃。」……………**翬金**[26]

「保衛工作是晚上進行的。一班十人，拿手槍。到南北區一點七公里巡視，走一趟要一小時。一有空我就到每一洞窟做檢查。」……………**翬金**[27]

翬金，一九二五年生，六十歲退休後被返聘十多年。他很希望留在敦煌，直至眼睛不好，視力不足才真正退下來，二〇一三年六月去世。

另一老工友（事務員）范華（一九二五年生）也是對莫高窟忠心耿耿，矢志不渝。他是敦煌人，曾在酒泉，唸過高小，一九四四年因逃

上：鞏金（高敏儀攝）
下：訪談 鞏金與作者 2011 年 8 月 31 日 敦煌（高敏儀攝）

兵役到了莫高窟，當時是國立敦煌藝術研究所（國民黨不會到研究所抓兵的）。他在莫高窟六十年，主要是當雜務工人。退休後也不願意離開千佛洞，還在那兒留了二十年。

「退休後，我仍天天上洞窟。」

「我是因看到常老對千佛洞的熱誠奉獻所感動的。以前有人請我去農村當老師，或做更好的工作，我都不去。常老的名言是：千佛洞一定要好好保護。十七洞的珍藏許多已給別人拿去了，千佛洞更不能丟掉。」……**范華**28

右：范華（高敏儀攝）
左：訪談 范華與作者 2011 年 8 月 31 日 敦煌（高敏儀攝）

抗戰勝利前一個多月，「國民政府教育部剛剛發佈命令，撤銷敦煌藝術研究所，而且停發經費。」

常沙娜 29

「常書鴻到城裏借錢買米，讓大家喝上稀粥苦度光陰，然後跑到陪都重慶去奔走呼號，終於使中央研究所把敦煌藝術研究所接受下來，算是又找到了個後娘，養活了我們這些沙漠孤兒。」

潘絜茲 30

「常老去重慶時，是變賣家當（好的衣服、毯子、西裝等）來籌備

關友惠（高敏儀攝）

路費的。臨行時，他囑咐我和竇占彪（所裏的木工泥匠）一定要好好保護千佛洞，並說他一定會回來的。那一刻他哭了。這是我第一次見到他流淚……」——**范華**31

「聽不到新聞廣播，看蘭州報紙要隔十多天。電影和戲劇更和我們絕緣，完全處在與世隔絕的情況。」——**潘絜茲**32

「當時到莫高窟的人非常少，有人到來就是新聞，有汽車來更是大新聞。」——**關友惠**33

「地勢關係，連收音機也收不到，沒有電話，直到七十年代才有。以前即使有，也無法正常運作。」……**關友惠**[34]

「郵政方面，從敦煌城到莫高窟是一週一次。七十年代前是騎毛驢送郵件的。」……**關友惠**[35]

「人人對洞窟都很熟悉，每個人都可成為講解員。」……**關友惠**[36]

「我們在千佛洞消息閉塞，日本投降後十多天，才從參觀者口中得知這個喜訊。我們奔走相告，欣喜若狂。」……**潘絜茲**[37]

「七二年自己發電，但發電機常有故障，換零件一擱幾個月，……雖說有電，但有名無實的。」……**李雲鶴**[38]

「說到電燈吧，是到了一九八一年才暢通的。」……**樊錦詩**[39]

「敦煌缺水，不能洗澡，只能擦澡，一盆水擦臉、擦身、洗腳，還捨不得倒掉，得派作其他用場。」……**常沙娜**[40]

「很少洗衣服，十天半月才洗一次。」

李雲鶴 41

「冬天很冷，睡醒時，有時眉毛、頭髮都結了冰霜。最低溫度為零下二十四至零下二十五攝氏度。」

李雲鶴 42

「常老直到文革前還是冷水浴。每天七時一定做早操，鍛練身體，數年如是。」

關友惠 43

「也有人吃不了苦而離去，但很少數。留下來的真的有感情。」

李雲鶴 44

右：訪談 李雲鶴與作者 2014 年 4 月 28 日 敦煌（楊秀清攝）
左：常書鴻帶領職工在莫高窟前做早操（1959 年 5 月 31 日）

「這裏交通不方便，人們許多時是走路進敦煌城，如穿過鳴沙山走捷徑，要三十華里，約四小時，走大路五十華里，走六—七小時。」

……段兼善——段文傑兒子[45]

「一九六五年，莫高窟迎來了第一輛轎車（約可容納二十多人）。為了紀念昔日步行進城的小路，也為了紀念結束徒步的歷史，常書鴻先生帶領我們沿鳴沙山東麓的小路作最後一次進城，然後坐着新車回莫高窟。」

……施萍婷[46]

右：訪談 段兼善與作者 2011 年 8 月 27 日 蘭州（高敏儀攝）
左：敦煌文物研究所職工列隊徒步進城，右起第一人為樊錦詩（1965 年 9 月 30 日）

「研究所的工作號令是敲鐘，每天大家聽見鐘聲就都進洞了，臨摹的臨摹，調研的調研，各忙各的。」

常沙娜[47]

「當時是上午八時敲鐘進洞，十二時打鐘午飯。但我們從不提早離開，即使打鐘吃飯仍不願離開。早上不到八時已在洞窟開工了。」

關友惠[48]

「人們常常能聽到臨摹工作者，保護工作者從窟內傳出川劇、秦腔、民歌、小調。他們面對佛、菩薩，有

李永寧（高敏儀攝）

時竟那樣忘情。」……施萍婷[49]

「每年春節我們還上映節目，不過表演者比台下觀眾更多。」……關友惠[50]

「我們組織合唱團，還到城裏比賽，都把獎拿走了。」……李永寧[51]

「文化大革命期間，莫高窟也分成兩派，奇怪的是兩派的共同目的是，不離開莫高窟，好好保護她。」……關友惠[52]

「更奇怪者，北京大學來的紅衛兵，到莫高窟一看，也給我們吩咐：你們一定要保護好莫高窟！」……施萍婷[53]

在敦煌工作的人員，生活雖艱苦，但他們均不覺得苦。然而，他們都是有家庭的人。「在子女上學和教育問題上，留給他們永遠的傷痛。」……金長明[54]

「我至今對這個家懷有深深的歉疚，尤其是對孩子。」……樊錦詩[55]

一九六三年自北京大學考古系畢業後，樊錦詩被分配到敦煌工作。一九六七年與大學同學彭金章結了

1965 年的樊錦詩和彭金章

婚。彭金章在武漢大學歷史系任教。一九七六年，創辦武大考古專業，他主講夏商周考古學。兩人分居二地。後來有了孩子。由於在敦煌很難找保姆，「只好讓丈夫把孩子帶走。後來有了第二個孩子，又不得不把小兒子寄養在上海的姐姐家。就這樣，一家人分居在敦煌、武漢、上海三地。」

樊錦詩[56]

「晚上我從所裏回家，看到職工宿舍一家一戶的窗口都亮着燈光，每一家都團團圍坐着。……我真羨慕，苦澀的淚水直往心底裏流……我們家四個人……相隔千里，天各一方。」

……**樊錦詩** 57

「我愛兒子，也需要兒子愛；我愛丈夫，也需要丈夫愛我。……我一個人在敦煌，那麼多人為我作了犧牲。我是一個不稱職的妻子，也是一個不合格的母親。」……**樊錦詩** 58

以下是三封一九八三年丈夫彭金章、大兒子予民、及姐姐寫給樊錦詩的書信。

「錦詩：為配合一項基建工程，文化部文物局要我們派人參加考古發掘，……由我帶幾名學生去突擊。本月中旬就動身，時間大約半年。對此，予民很有意見……。今年下半年，是他初中畢業前的關鍵時刻，我們都不在，對孩子確實有影響……。予民看到別人一家一戶搬進了家屬區，對你不調來很有意見，說：『媽媽還不調來，要是來了，我們也有房子。』他還擔心明年初中唸完時不准畢業，不准升學，因為他的戶口不在武漢……。」……**金章 1983.7.1** 59

「媽媽：我們學校考完試放暑假了。我這次考得不好，英語開了紅燈，我很慚愧，也很着急。原想利用暑假好好補習一下，可爸爸又要帶學生出去考古，這一走又是半年。媽媽，您哪時候才能調來？您明年一定調回來吧！媽媽，我想您啊……。」

予民 1983.7.4[60]

「錦詩妹妹：您究竟準備什麼時候調回武漢？你們一家什麼時候才能團圓？你那個寶貝兒子（寄住在上海姐姐家的小兒子曉民）越大越調皮，三日兩頭闖窮禍，誰也管不了。他老不在父母身邊，總是個問題啊……。」

姐姐 1983.7.15[61]

「你知道嗎？孩子不見了，原來他跑去火車站，說要乘搭火車去找媽媽！」

樊錦詩[62]

面對家庭、丈夫、兒子的矛盾，可以想像樊錦詩心中的負擔有多沉重。當時，所屬單位也有其規則，不是說走就走那麼容易。為此，她特別感謝丈夫的支持：「如果說愛人不支持我，那我肯定就要離開敦煌了，我還沒那麼偉大，為了敦煌我不要家，不要孩子。我不是那種人。」「有內疚，肯定有內疚……所以我說，像這樣的丈夫確實打着燈籠很難找。」

——**樊錦詩**[63]

兒子在一九八三年七月四日給媽媽的信，在一九八四年一月三日《光明日報》以「敦煌的女兒」中報道了。「彭金章才從報紙上第一次知道有過這樣一封信。這封信觸動了彭金章，他決定放棄武大的考古教學去敦煌。武大堅決不同意，就想讓樊錦詩調來。在長達幾年時間裏，雙方單位都派出了三次人，形成拉鋸戰……直到一九八六年，……他才被准許調至敦煌。」[64]

十九年的「分居」生活，一家終於團聚了。之後，彭金章在敦煌荒蕪的北區做了長達七年的考古發掘，確定了該區洞窟的性質和功能，為敦煌石窟的研究做了巨大貢獻。

右上：樊錦詩和彭金章在上海周莊合影（2004年3月）

右下：彭金章在莫高窟在北區（高敏儀攝）

左：訪談 彭金章與作者 2011年9月2日 莫高窟北區（高敏儀攝）

222

臨摹壁畫

早期臨摹壁畫，不是我們想像中那麼簡單容易的。首先，在沒有棧道的高處洞窟，如何把畫具帶進洞窟？

「當時一些有重要壁畫的洞窟大多道路不通，孤懸在崖壁上……。要臨摹一幅壁畫，是一次艱苦的體力奮鬥。……大家齊心協力，搬運一根五米多長的獨木梯（蜈蚣梯）……，先將梯子放進洞口，上去一個人，並用繩子把畫板、畫架、顏色箱、水瓶、水罐，一一吊上。」……**史葦湘** 65

上世紀四五十年代，由於得不到應有的經費，畫板、畫架、紙筆墨均甚為缺乏。

「連硬化變質的馬利牌廣告顏料也成了寶貝。為了克服這些困難，我們學會了礬紙、托裱、修筆和發明就地取材，用紅土、黃土、大白等當地材料。每當一天工作完了之後，聚在一起談天，大家手捧一碗土顏料磨研，這幾乎也成了一種生活樂趣。」……**潘絜茲** 66

「敦煌的氣候冬天特別長，十月就結冰了。顏料凝結，手指僵硬。……為了防凍，董希文發明用燒酒調色。」……潘絜茲[67]

「有一年冬天，她（歐陽琳）和同事李其瓊在四二〇窟臨摹，顏料凍得很硬，只能用煤氣來烤，洞窟裏通風不暢，兩人煤氣中毒，緊急搶救才脫離危險。」[68]

一九五二年以後，國家給予了照顧，繪畫材料得以提升，已採用礦物顏料了。

「張大千在千佛洞臨摹壁畫的時候，都是用圖釘把拷貝紙按在壁畫上拓稿，這樣出來的稿子很準確，但圖釘不可避免地在牆上鑽出小孔，破壞壁畫，因此爸爸給研究所作出了明確規定，並一再強調：為了保護壁畫，臨摹一律採用對臨的方法，不許上牆拓稿。」……常沙娜[69]

「人手和筆隔着一層薄薄的紙在壁畫原作上按來按去，劃來劃去，必然對壁畫造成傷害。這種『印稿法』絕對不能再使用，只能用寫生的辦法進行臨摹。挪動梯子、板凳、畫板等用具時，一定要小心謹慎，不能碰在洞壁上，以免損壞壁畫。在洗筆蘸色等過程中，絕不能把顏色甩到壁畫上。對臨摹的作品一定要注意忠於原作，不能用現代人的造型觀點和審美觀念去隨意改動古代壁畫上的原貌。」……**段文傑**[70]

「直到一九五五年，有了幻燈機放大畫稿才可作整幅臨摹。」……**關友惠**[71]

「洞窟大都很暗，……我們常常要一隻手拿洋蠟燭或油燈，一隻手作畫。燈光照明面積很小，而有的洞窟很高大，要用梯子爬上去看一眼，再爬下來畫幾筆。有一回我臨一個洞窟高處的壁畫，梯子在地面夠不着，就把它架到桌子上再爬上去，結果梯子在桌面上滑倒了。我從高處摔下來，梯子頂了我胸部，當場就昏厥了，過了許久才甦醒過來。」……**潘絜茲**[72]

上：李承仙、歐陽琳等在榆林窟第 25 窟北壁臨摹〈彌勒經變圖〉（1956 年 7 月 31 日）

下：臨摹第 196 窟西壁壁畫（1955 年 8 月 18 日）

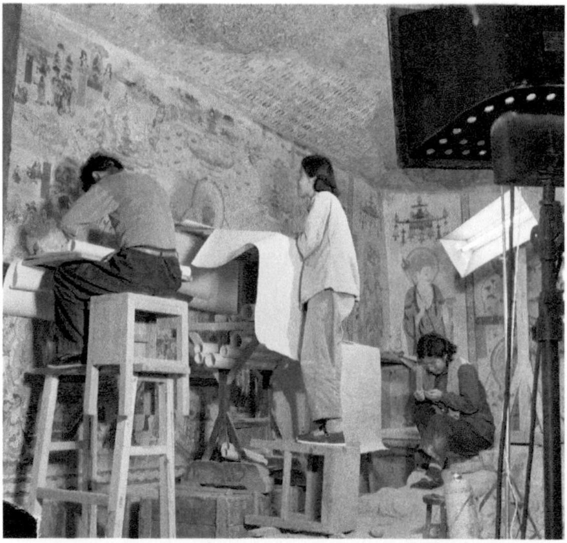

「那些大洞窟，高而深，洞口小，裏面光線就暗。我們想出了一個『借光法』，用鏡子在洞外把陽光反射到洞子裏的白紙板上，這樣整個洞窟就亮起來了。不過這個方法比較麻煩一點的是，要隨太陽的腳步移動鏡子，以適應陽光的折射角度。」

……段文傑[73]

「有些無法採用『借光法』的洞子就只有秉燭作畫了。高處看不清，則要架起人字梯，爬上去看看，再下來畫畫，有時為了畫好一個小局部，要這樣折騰許多次。畫低處的局部還要在地上鋪上毯子或布，人要趴臥在地上作畫。所以，在石窟洞裏作畫是很辛苦的，不僅要用腦力，還要用體力。」

……段文傑[74]

「臨摹藻井是要打架子的。」

……關友惠[75]

「畫窟頂的藻井，仰頭低頭很快頸部酸痛，就用鏡子返照來臨摹。」

……潘絜茲[76]

「通過臨摹，我們體會到古代藝

上：在榆林窟夜間工作情況（1953 年 10 月）
下：李其瓊（蔡慕貞攝）

術匠師艱苦卓絕的創造精神。」……潘絜茲[77]

「經過細緻的臨摹，才能真正理解一片壁畫，領會一座洞窟。……每一根線條看起來或許平淡無奇，真要落筆時才能體會一千年前古人的良苦用心。」[78]

「臨摹工作必須以研究為基礎，……掌握壁畫製作規律，……通過臨摹又加深了對壁畫的認識，……這樣研究臨摹、臨摹研究，反覆不已，就把對敦煌藝術的認識不斷推向前進。」……李其瓊[79]

段文傑認為臨摹前的研究工作要注意三方面：

「一是了解臨摹對象的思想內容，認識古代畫師所創形象的來源和根據（如佛經的研讀）；……二是辨別各時代壁畫的風格特點……；三是弄清各時代壁畫製作的程式和方法。」……段文傑[80]

「色彩的暈染也是敦煌壁畫塑像的重要環節。在分析了色彩的演變規律和時代特徵的基礎上，又總結了古

段文傑在第 285 窟臨摹壁畫（1955 年 5 月 26 日）

代畫師賦彩程式和方法……才能表現出色薄味厚，有血有肉的質感。」

——**段文傑**[81]

「只有在光線很好的時候才能隱約辨別出色彩的複雜層次，以及蘊含其間的微妙動態。」[82]

「傳神：是通過人物的眼睛和五官肢體的動態變化來表達的。關鍵在眼神，所以敦煌畫師在藝術實踐中創造許多畫眼的程式，……如喜悅、沉思、慈祥、憤怒、哀愁等都有特殊造型……，但沒有五官和身姿手勢的配合，也很難深刻展現人物的精神狀態。」

——**段文傑**[83]

談到臨摹程序，李其瓊認為有幾個應注意的問題：

一、讀畫：了解壁畫的時代、內容、主題思想、人物造型特徵、結構形式、線描特點、賦彩等。……這樣比較容易做到忠於原作精神……。

二、起稿……鉛筆稿完成後，再用毛筆描成白描正稿，然後印描到宣紙上，裱上畫板，進入上色階段。

訪談 李其瓊與作者 2011年8月28日 蘭州
（蔡慕貞攝）

（臨摹起稿是要經過以下程序的：
先用投影機把壁畫投射到白紙上，然後用鉛筆把壁畫線條描出來。之後把線描稿移至洞窟中，面對壁畫實地校對，把殘缺部份修正。其後用毛筆（墨線）把鉛筆線鈎出來成為白描，是為底稿。再用宣紙在底稿上印描（拷貝）出來，是為正稿。之後再上色（一般暈染要五、六層左右。）所以，臨摹一幅壁畫要三至四年甚至更長時間。）

三、線、色、神三方面：

・線：……線描是隨着時代的不

上：關友惠、史葦湘、霍熙亮在莫高窟第 249 窟修稿（1956 年 3 月 23 日）

下：史葦湘、歐陽琳在臨摹壁畫——起稿（印描）（1956 年 9 月）

同而變化的。……必須掌握壁畫具體描線的方法，如起筆、收筆、抑揚頓挫等。特別是長線的描法，如飛天的飄帶、菩薩的披巾……往往不能一筆描成，必須中途停頓，調整筆毫，接力再描；有的則需從兩端開始，中間交接，運筆時必須豪放圓轉，氣脈相連而不露痕跡。……。

•色：……必須了解各時代色彩審美的變化，更重要的是掌握賦彩的具體方法。……早期壁畫起稿簡略……，賦彩多用塗色法，即不受畫稿約束。……唐代以後，起稿精確……，賦彩多用填色法。……因而唐代以後的色彩就以工整嚴密、繁華富麗見長。……。

•神：『以形寫神』，『形神兼備』是我國繪畫藝術的最高要求，也是品評繪畫優劣的標準。……能不能把壁畫上栩栩如生的神態移置到臨摹上來，是決定臨本質量的關鍵，也是臨摹工作者的『尖端』研究深題……。」

「總而言之，只有在造型準確、線描流暢、賦彩瑩潤、神采生動的條件下，才有可能臨摹出達到亂真水平的臨本，才能通過臨本給人們以古代藝術的審美享受。」……**李其瓊**[84]

為了達到更高的臨摹水平，當年的美術工作者，一點不敢鬆懈。

「晚上，大家清閒下來，……爸爸就組織畫速寫，就在中寺前後院之間的正廳，兩頭連掛兩盞煤油燈，請當地的老鄉做模特兒，大家圍在那裏畫，氣氛非常好。」……**常沙娜**[85]

「我利用休息時間，把線描、暈染、傳神的運筆技術進行了反覆的練習……，比如像頭髮、面相、手姿、衣服等，有時在廢紙上都不知道練習了多少遍，直到熟練掌握為止。」

……**段文傑**[86]

「有時一個頭像反覆練習達數十次之多……，使之爛熟於心，……具有十分把握時才在臨本上落筆。」

……**李其瓊**[87]

段兼善認為「父親（段文傑）對臨摹的要求：準確、忠於原作，形神

上：李其瓊在第 427 窟臨摹（1955 年 10 月 11 日）

下：段兼善（高敏儀攝）

兼備，水平不能低於原作。這才對得起文化遺產，對得起觀眾。」

……………… **段兼善** 88

「段文傑把壁畫當作文物來研究，而非只藝術的表達。」

……………… **段兼善** 89

「臨摹是一種研究和藝術的流動，非作坊工藝的生產！」

……………… **關友惠** 90

「臨摹最困難是描線，不能改動，所以，臨摹者要每天晚上練書法，練習線條。為了節省紙張，第一次用淡墨，第二次用深墨，第三次用濃墨；然後再反過來用紙張的背面來練習，練筆力和腕力。還有練長線、『接力線』，要一氣呵成，天衣無縫，氣韻貫通，沒有強厚的基礎功力是做不到的」……………… **關友惠** 91

「運筆就是運力，運力就是運氣，運氣就是運情。一定要有感受和韻味，不然就是僵氣。」……… **關友惠** 92

「還要控制情緒，有蚊子來叮，千萬別生氣！」……………… **關友惠** 93

「一個人在洞窟臨畫非常安靜。

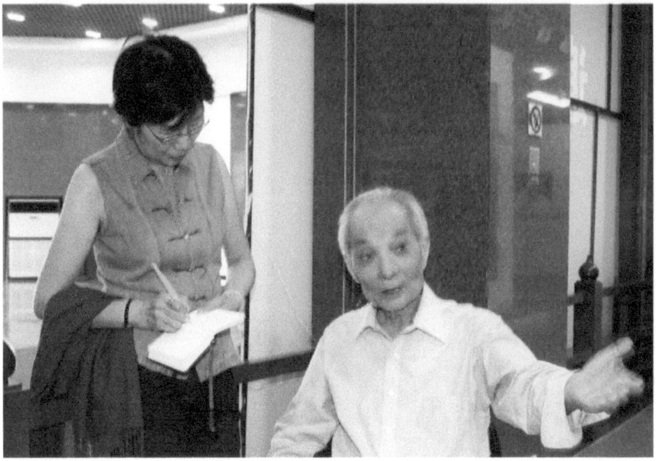

上：關友惠在段文傑臨摹的〈都督夫人禮佛圖〉前解釋線描的技法（高敏儀攝）

下：訪談 關友惠與作者 2011 年 8 月 28 日 蘭州（高敏儀攝）

除了偶爾可以聽到窟外樹葉經風吹動輕輕的沙沙聲，就只有畫筆運行時發出的氣息和心音。臨畫思想高度集中時，有時會忘掉自己。…… 多數人沒有手錶，…… 大家也養成了憑感覺定時作息的習慣，上下班時間相差不了十分鐘。」…………**關友惠**[94]

「只有到了敦煌，親身實踐，才懂得古代畫工的辛苦，……沒有摩頂放踵的吃苦精神，俯仰伸屈的艱苦勞作是畫不出來的。」…………**史葦湘**[95]

從事臨摹的藝術家／畫家們，在

右：李其瓊在臨摹壁畫（1984 年 7 月 10 日）
左上：李其瓊在第 329 窟臨摹西壁龕頂壁畫（1955 年 7 月 20 日）
左下：李其瓊在臨摹壁畫

辛苦練就「一身武藝」後，把藝術家最重要的自我和個性收藏起來，謙卑地追隨着古代畫師的筆法和風格。他們一輩子默默耕耘，無怨無悔，為敦煌藝術的保護和研究做出巨大無私的奉獻！

維修與保護

四十年代的莫高窟是荒涼破敗不堪的。洞外棧道早已毀去，下層洞窟為流沙及土台封堵。一九二〇年，沙俄白軍殘部數百人居住在洞窟內，燒飯、塗抹、刮剝，使許多塑像被破壞，壁畫被燻黑。加上長期以來自然環境的影響，如地震、溫度、濕度、日照、風沙、蟲害等，對壁畫構成嚴重的傷害。四十年代敦煌藝術研究所成立後即着手處理各種維修保護工作。

「修建圍牆（護土牆，二米高，一千多米長）是常書鴻所長一九四三年初到敦煌的第一件大事。……防止牲畜進入窟內。」…………**孫儒僩**96

上：沙俄白軍在莫高窟前合影（1920 年）
下：圍牆

洞窟裸露在外，常書鴻為了保護洞窟，「當時沒有經費，常先生在敦煌縣城動員士紳官商們做功德捐獻窟門，大概做了大小不等的幾十副洞窟門，一直使用到六十年代加固工程時才拆除。」……**孫儒僩** 97

當時經費缺乏，環境艱苦，「又沒有前人經驗可借鑑，無從下手，一切從零開始。」……**孫儒僩** 98

此外，還修造臨時棧道、崖體加固工程、清理窟前積沙，崖頂挖沙溝建防沙牆，讓崖頂積沙流放下來。還

右：孫儒僩（高敏儀攝）

左：莫高窟崖面維修（1948年）

上：莫高窟第 194 窟清除窟頂積沙（1959 年 4 月 16 日）

下：僱用農民的幾十輛大軲轆牛車運走積沙（1954 年）

上：莫高窟第 154 窟前清除積沙
下：石窟前發掘

有拆除多個擋住下層石窟的土台，清理出二十多個洞窟。可惜被流沙掩埋的下層石窟「壁畫和塑像已經全部損壞了」。——**孫儒僩**[99]

「土法上馬……因陋就簡，就地取材。」——**史葦湘**[100]

石窟保護專家孫儒僩當年生活非常艱苦，半年沒發工資，靠自己種糧食麥子蔬菜來過日子。……解放初，也曾想過離開敦煌，返回四川。「沒有足夠旅費。家裏勉強湊了點錢給他匯去，可是他的嫂子不識字，把『敦

訪談 孫儒僩與作者 2011年8月28日 蘭州（高敏儀攝）

煌藝術研究所』寫成『東方藝術研究所』，他收不到錢。數月後這筆錢退回家裏時，因通貨膨脹已不值錢了。」（孫儒僩）[101] 也就這樣，他在敦煌留了下來，為莫高窟的保護做了重大貢獻。

竇占彪與李雲鶴在上世紀四五十年代已為莫高窟做保護修復工作，也是這方面很成功的專家。「五十多年前，李雲鶴第一次走進一六一窟時，……滿窟的壁畫起甲嚴重，窟頂和四壁彷彿沾滿殘破的羽毛。人在洞窟裏走動，壁畫的碎片就像雪片一樣墜落。」[102]

「沙塵卻彷彿永遠都打掃不完……站在這裏，還會有沙子從頭頂灌下來。剛剛清掃乾淨，狂風又會攜着大漠深處的沙塵洶湧而來」

——**李雲鶴**[103]

「窟頂的壁畫空鼓嚴重，幾平方米壁畫忽然砸下來，起甲的壁畫紛紛脫落，一千年的斑駁色彩落在地上，灰飛煙滅，滿窟的塑像東倒西歪，……當時沒有方法，沒有材料，更沒有技術，真是一窮二白。」

——**李雲鶴**[104]

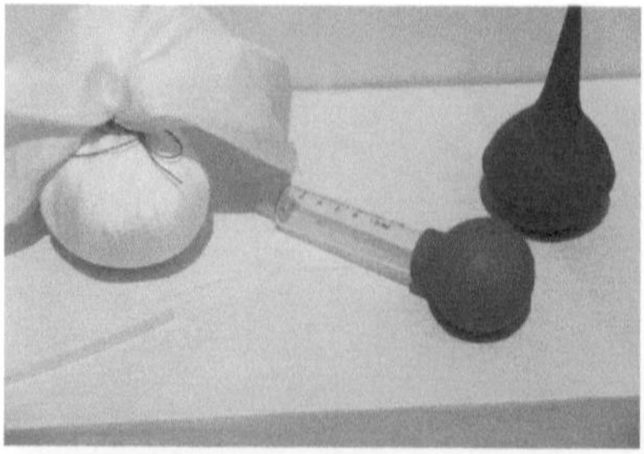

右上：李雲鶴（楊秀清攝）

左上：自製維修工具（楊秀清攝）

下：莫高窟第 130 窟南披，以鉚釘加固壁畫（1966 年 3 月）

在沒有辦法下，他們唯有以土辦法創製了一些維修工具和方法，發覺十分有效。就這樣，李雲鶴以兩年時間修復了一六一窟，是第一座自主修復的洞窟，也是敦煌壁畫修復保護的起點。

「一九六五年，在一六一窟修復時，忽然聽到一聲巨響，趕快跑下來，在一三〇大佛窟北壁一大片（約二平方米）的壁畫掉到地上，即向常書鴻院長反映。之後，馬上搶救。與竇占彪想辦法，『先救命，後治病』。用鉚釘（二十五—三十厘米）固定，鉚釘（桿）外帶螺帽、帽外裝十字鐵板，用螺栓固定，效果很好。五十年年來保證了此窟壁畫的安全。」

…………李雲鶴[105]

二二〇窟（初唐）甬道表層是宋代壁畫，下面藏着中唐、晚唐、五代的壁畫。七十年代，李雲鶴和竇占彪二人對甬道壁畫進行整體搬遷，將表層宋代壁畫外移，使之與下層的中、晚唐、五代壁畫同在一平面上展現。這是莫高窟第一次的壁畫搬遷工程，很成功，他們二人功不可沒。

竇占彪，一九一七年生，四十九年前來到敦煌當公安/保衛。解放後進入敦煌研究院。

「他性格開朗，雖未上過學，但非常聰明，勤勞手巧，工作認真，樂於助人。莫高窟許多的泥、木工程及修復工作都是他做的。如修台階、搭大小型的架子，莫高窟最早的木門是他造的。尤其是對東歪西倒的佛、菩薩塑像，他都能有辦法在不影響原作情況下使之恢復原位。」

——**李雲鶴**[106]

一九六五年，在一三〇大佛窟，

「竇占彪同志在搭架過程中，在南壁一個小孔洞中發現了一卷唐代絲綢製作的畫幡。上有開元年號。」

——**孫儒僩**[107]

「孔內堵塞殘幡等絲織物一團，經整理共為四十件……。開元十三年（七二五年）發願文幡。」[108]

李雲鶴還說到竇占彪的一則趣事：「他雖不識字，但懂得拼音。有一次，他給他愛人寫信，是用拼音寫的。他愛人看不懂，叫我給他

上：竇占彪在莫高窟第 427 窟修復菩薩像（1965 年 3 月 9 日）

下：在莫高窟第 130 窟搭架修復壁畫

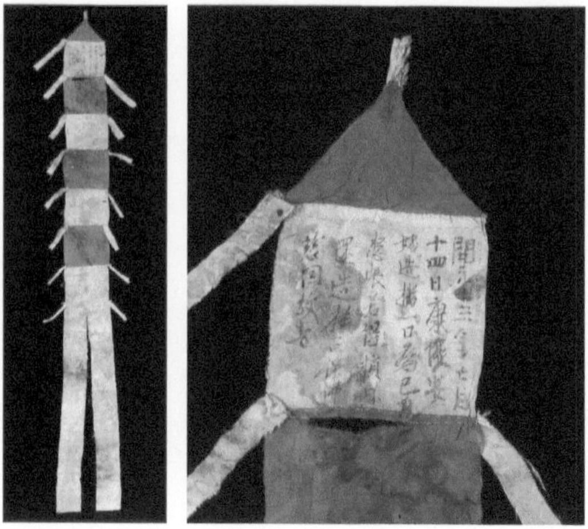

唐代開元十三年發願文彩色絹幡 162公分（長）×15公分（寬）

讀……」有沒有情話綿綿？「有啊，哈哈！」……**李雲鶴**109

在洞窟工作，爬高爬低有沒有意外？「有呀，七八—七九年，在修復八十五號大洞窟頂部壁畫時，搭了架子，要躺着來工作。一個不小心，翻身掉了下來！剛好掉到大佛（塑像）頭頂上，沒事！還有許多次有驚無險的意外，幸好沒事，佛祖保佑啊！哈！哈！」……**李雲鶴**110

敦煌的魅力在哪？且聽聽莫高窟人的心聲

「如果真的再來一次重新來到這個世界，我將還是『常書鴻』，我要去完成那些尚未完成的工作。」

……**常書鴻** 111

「人的確很奇怪，有時明知道前面要受磨難，卻偏要去做。是崇高的信念和遠大的目標成就了人類這種不怕困難的精神，還是冥冥中總有什麼在前路指導？」

……**段文傑** 112

「沒有可以永久保存的東西，莫高窟的最後結局是不斷毀損，我們這些人用畢生的生命所做的一件事就是與毀滅抗爭，讓莫高窟保存得長久一些再長久一些。」

……**樊錦詩** 113

「莫高窟對於中國人的價值，不是任何物質財富可以衡量的。……」

……**史葦湘** 114

「作為代表民族文化的實體，你是一代又一代有血有肉，有創造力和

上：常書鴻在莫高窟第 103 窟臨摹
下：常書鴻在辦公室工作

想像力的先民製作出來的。」……**史葦湘**[115]

「也許就是這一點『一見鍾情』與『一往情深』造就了這四十多年我與敦煌石窟的欲罷難休……」……**史葦湘**[116]

「莫高窟是我國美術史上唯一保存着北朝至唐宋時期大量藝術真跡的殿堂。」……**李其瓊**[117]

「我們的物質極端貧乏，生活極端困苦，可是精神卻極端愉快。因為敦煌藝術把我引導到另一美好的世界。」……**潘絜茲**[118]

「這批莫高窟退休老人，遷到蘭州，他們一般大門不出，二門不邁，退休相當於把單位的那一堆破書殘卷，移到自家臥室，各家都在做莫高窟的那些事。」……**金長明**[119]

「人，就是怪，有人生在福中不知福，也有人生在苦中不知苦……」……**施萍婷**[120]

「無怨無悔，他們多半沒有什麼豪言壯語，也不善於名利場上的追逐……他們與敦煌同呼吸共命運，他

施萍婷（蔡慕貞攝）

們對敦煌如痴如醉，忠貞不二。要問為什麼，那就是因為敦煌有一個值得為之獻身的地方！」……………**施萍婷**121

生活雖艱苦，但樂在苦中。「四五十年代來敦煌的人，生命力特強，生活條件差，但因全心全意地投入，別無雜念，無慾無求，祥和樂觀！加上體力勞動（如耕種、清沙、打水、磨麵、步行進城等），有助健康。」……**段兼善**122

難怪莫高窟老人普遍都達至耄耋之年（附表）。

今天，莫高窟的各方面——崖頂治沙、崖體加固、壁畫維修等已以先進的科技得以保護下來，成果更達到世界級水平。這一切一切得感謝一代又一代的莫高窟人，他們對信念的堅持，艱苦奮鬥，把一生的精力無私地奉獻給莫高窟。他們這種精神還在延續着，代代相傳至今。他們和古代那些不曾留下姓名的藝術家和工匠們，就像莫高窟夜空上閃爍的星星，永遠拱照着護佑着這千年藝術寶庫！

*文內照片，除已經註明，其餘皆由敦煌研究院提供。

註釋

1 常書鴻：《九十春秋 — 敦煌五十年》。北京大學出版社，2011年，頁71-73。

2 潘絜茲：〈敦煌的回憶〉，載姜德治、宋濤編：《莫高窟記憶》，蘭州：甘肅人民出版社，2009年，頁80。

3 同註釋2，頁85。

4 同註釋2，頁82。

5 史葦湘：〈初到莫高窟〉，載《敦煌研究》，1994年第3期，頁45-50。

6 孫儒僩：《敦煌石窟保護與建築》，蘭州：甘肅人民出版社，2007年，頁47。

7 李其瓊：〈回眸敦煌美術工作〉，載《敦煌研究》，2004年第3期，頁30。

8 李浴：〈一段重要而難忘的經歷〉，載姜德治、宋濤編：《莫高窟記憶》，蘭州：甘肅人民出版社，2009年，頁91。

9 同註釋1，頁79及頁82。

10 同註釋5，頁46-47。

11 段文傑：《敦煌之夢》，南京：江蘇美術出版社，2007年，頁14。

12 關友惠訪談記錄，2011年8月28日，蘭州。

13 施萍婷訪談記錄，2011年8月28日，蘭州。

14 李永寧訪談記錄，2011年8月27日，蘭州。

15 同註釋5，頁45-46。

16 常沙娜：《黃沙與藍天　常沙娜人生回憶》，北京：清華大學出版社，2013年，頁59。

17 施萍婷：〈打不走的莫高窟人〉，載《敦煌研究》，1994年第2期，頁51-54。

18 同註釋5，頁47。

19 同註釋2，頁83。

20 同註釋16，頁56。

21 同註釋16，頁54。

22 同註釋16，頁54。

23 同註釋12。

24 同註釋12。

25 關友惠：〈莫高窟人的生活往事〉，載《敦煌研究》，2014年第3期，頁19-23。

26 鞏金訪談記錄，2011年8月31日，敦煌。

27 同註釋26。

28 范華訪談記錄，2011年8月31日，敦煌。

29 同註釋16，頁73。

30 同註釋2，頁83。

31 同註釋28。

32 同註釋2，頁83。

33 同註釋12。

34 同註釋12。

35 同註釋12。

36 同註釋12。

37 同註釋2，頁85。
38 李雲鶴訪談記錄，2014年4月29日，敦煌。
39 吳曉民：〈敦煌的女兒〉。《光明日報》，1984年1月3日。
40 同註釋16，頁54。
41 同註釋38。
42 同註釋38。
43 同註釋12。
44 同註釋38。
45 段兼善訪談記錄，2011年8月27日，蘭州。
46 同註釋17。
47 同註釋16，頁55。
48 同註釋12。
49 同註釋17。
50 同註釋12。
51 同註釋14。
52 同註釋12。
53 同註釋17。
54 金長明：〈他們和莫高窟的故事：莫高窟人的晚年生活〉。薛東明編輯，據《蘭州晚報》，中國甘肅網整理，2011年5月4日。
55 「面對面」，2004年1月31日，中央電視台。
56 辛夷：〈敦煌的女兒樊錦詩〉，載《西部論叢》，2004年2月，頁27-28。
57 同註釋39。

58 同註釋 39。

59 同註釋 39。

60 同註釋 39。

61 同註釋 39。

62 樊錦詩訪談記錄，2014 年 6 月 28 日，莫高窟。

63 「面對面」，2004 年 10 月 25 日，中央電視台。

64 夏楠：〈留守田野　北區石窟　彭金章〉，頁 34。現代傳播集團出品：《生活月刊》，第 101 期別冊，2014 年 4 月。

65 同註釋 5，頁 49。

66 同註釋 2，頁 83-84。

67 同註釋 2，頁 84。

68 張泉：〈172 窟　史葦湘　歐陽琳　無邊的夢寐〉，載《生活月刊》，第 102 期別冊，2014 年 5 月，頁 22。

69 同註釋 16，頁 58。

70 同註釋 11，頁 18。

71 同註釋 12。

72 同註釋 2，頁 84。

73 同註釋 11，頁 18。

74 同註釋 11，頁 18。

75 同註釋 12。

76 同註釋 2，頁 84。

77 同註釋 2，頁 84。

78 同註釋 67，頁 21。

79 李其瓊：〈我們是怎樣臨摹敦煌壁畫的〉，載《敦煌研究》，1982年第2期，頁27-34。
80 同註釋11，頁18-20。
81 同註釋11，頁20。
82 同註釋68。
83 同註釋11，頁20。
84 同註釋79。
85 同註釋16，頁60。
86 同註釋11，頁20。
87 同註釋79。
88 同註釋45。
89 同註釋45。
90 同註釋12。
91 同註釋12。
92 同註釋12。
93 同註釋12。
94 關友惠：〈莫高窟人的生活往事〉，載《敦煌研究》，2014年第3期，頁19-23。
95 同註釋5。
96 孫儒僩訪談記錄。
97 同註釋6，頁48。
98 同註釋96。
99 同註釋6，頁55。
100 同註釋5，頁48。
101 同註釋96。

102 張泉：〈一六一 李雲鶴 起點〉，載《生活月刊》，第 101 期別冊，2014 年 4 月，頁 12。

103 同註釋 102，頁 12-14。

104 同註釋 102，頁 14。

105 同註釋 38。

106 同註釋 38。

107 同註釋 6，頁 71。

108 樊錦詩、馬世長：〈莫高窟發現的唐代絲織物及其它〉，載《文物》，1972 年第 12 期，頁 55-67。

109 同註釋 37。

110 同註釋 37。

111 同註釋 1，頁 282。

112 同註釋 11，頁 14。

113 張泉：〈八十五 蘇伯民 重生〉，載《生活月刊》，第 101 期別冊，2014 年 4 月，頁 23。

114 同註釋 5，頁 50。

115 同註釋 5，頁 50。

116 同註釋 5，頁 50。

117 同註釋 54。

118 同註釋 2，頁 83。

119 同註釋 54。

120 同註釋 13 及 17。

121 同註釋 17。

122 同註釋 45。

部份莫高窟老前輩的年歲紀錄

（2020 年 6 月更新）

	生	卒	壽歲	年歲
常書鴻	1904 年 4 月	1994 年 6 月	90	
李貞伯	1914 年 9 月	2004 年 6 月	90	
霍熙亮	1915 年 1 月	2005 年 9 月	90	
竇占彪	1917 年 2 月	1990 年 1 月	73	
段文傑	1917 年 8 月	2011 年 1 月	94	
萬庚育	1922 年 1 月	2020 年 6 月	99	
歐陽琳	1924 年 1 月	2016 年 2 月	92	
徐春霞	1924 年 1 月	2010 年 2 月	86	
史葦湘	1924 年 3 月	2000 年 1 月	76	
孫儒僩	1925 年 1 月			95
李其瓊	1925 年 2 月	2012 年 10 月	87	

	生	卒	壽歲	年歲
鞏　金	1925 年 5 月	2013 年 6 月	88	
范　華	1925 年 5 月	2015 年 2 月	90	
賀世哲	1930 年 12 月	2011 年 3 月	81	
常沙娜	1931 年 3 月	---		89
關友惠	1932 年 1 月	---		88
李永寧	1932 年 1 月	---		88
鄭汝中	1932 年 8 月	---		87
施萍婷	1932 年 9 月	---		87
李雲鶴	1933 年 9 月	---		86
李正宇	1934 年 1 月	---		86
譚蟬雪	1934 年 6 月	2018 年 6 月	84	
劉玉權	1937 年 2 月	---		83
彭金章	1937 年 11 月	2017 年 7 月	80	
樊錦詩	1938 年 7 月	---		81
張伯元	1939 年 11 月	---		80

備註：截至 2020 年 6 月　|　排名按出生年份

衷心感銘

愚夫婦有幸與敦煌結緣，多年來得敦煌研究院諸位師長的悉心教導，非常感恩。同時亦由衷感銘香港敦煌之友諸位大善長多年來對敦煌的厚愛與鼎力襄助。僅以此小書聊誌謝意與敬意。

這本小集子能夠順利付梓，端賴香港中華書局黎耀強先生及相關同事的精心設計與編排；同時亦特別感念高敏儀小姐長期以來的大力幫助，方能成書。愚夫婦無量感恩。

敦煌故事

李焯芬　李美賢　著

責任編輯：許　穎
裝幀設計：林曉娜
排　　版：時　潔
印　　務：劉漢舉

出版 | 中華書局（香港）有限公司
香港北角英皇道499號北角工業大廈1樓B
電話：(852) 2137 2338 傳真：(852) 2713 8202
電子郵件：info@chunghwabook.com.hk
網址：http://www.chunghwabook.com.hk

發行 | 香港聯合書刊物流有限公司
香港新界荃灣德士古道220-248號 荃灣工業中心16樓
電話：（852）2150 2100　傳真：（852）2407 3062
電子郵件：info@suplogistics.com.hk

版次 | 2021年7月初版
2023年6月第2次印刷

規格 | 32開（210mm X 142mm）

ISBN | 978-988-8759-51-4

本書上篇圖片均已獲敦煌研究院授權。